INTRODUCTION

> « *If you torture the data enough, nature will always confess.* »
> Ronald Coase.

Lorsque Gaspard Monge (1746-1818) inventa la géométrie descriptive, il expliqua que cette dernière avait deux objets :

« Le premier est de représenter avec certitude, sur des dessins qui n'ont que deux dimensions, les objets qui en ont trois et qui sont susceptibles de définition rigoureuse. Le second objet de la géométrie descriptive est de déduire de la description exacte des corps tout ce qui suit nécessairement de leurs formes et de leurs positions respectives[1]. »

En séparant objet et information sur l'objet, la révolution de l'information, dite également industrielle, autorisera à d'abord créer cette Information (conception) puis à créer, autant de fois que souhaité, cet Objet (production).

Son application pratique, le dessin industriel, permit de décrire en deux dimensions toute pièce de manière suffisamment complète et exacte pour pouvoir l'exécuter directement sur plan et non plus en la comparant constamment avec un original. C'est ainsi à Gaspard Monge que nous devons l'informatisation des

1. G. Monge, in *Encyclopédie internationale des sciences et des techniques*, Presses de la Cité, 1971.

objets fabriqués, des plus petits rouages d'horlogerie aux plus grands bâtiments d'architecture, et la révolution de la production qui s'ensuivit.

Depuis, les technologies de l'information (TI) nous ont permis de capter, transformer, stocker et transmettre, toutes sortes de données, en progressant suivant trois lois.

La plus connue, la loi de Moore, qui prévoit un doublement de la densité d'inscription sur puce de silicium tous les 18 mois, permet d'approcher la capacité de calcul de la fonction transformer. La loi de Kryder concerne le stockage sur disque magnétique avec un doublement de densité tous les 13 mois, fléchissant dernièrement. La loi de Nielsen, celle de la fonction transmettre, fait doubler tous les 21 mois la capacité des réseaux publics.

Ce que ces lois mettent au jour, c'est notre capacité croissante, condition nécessaire au Big Data, à pouvoir rassembler, accumuler et transformer en masses des données : les vibrations de tel tablier de pont, la température du lubrifiant de tel réacteur d'avion, les sentiments exprimés sur tel réseau social, les achats ou recherches sur tel site… Toutes ces données, utiles pour la maîtrise de machines ou notre vie sociale, économique, voire sentimentale, laissent des traces, des scories, qui sont de plus en plus souvent conservées. C'est de cette profusion de données sur de nombreux domaines que résulte le Big Data ou mégadonnées. Au sein de ces données, les mathématiques – particulièrement l'économétrie, les statistiques et le *machine learning* – découvrent des modèles dont certains, sous condition, sont prédictifs, améliorant opérations, décisions et ouvrant à des transformations.

L'objet du Big Data n'est ainsi pas l'*information*, séquence de signes pouvant être interprétés, mais bien la *donnée* elle-même, valeur de variable manipulée par les TI. C'est cette démarche nouvelle que nous souhaitons définir et expliquer, singulièrement dans son utilité pour les firmes.

Les données caractéristiques du Big Data manquent d'une définition sérieuse. Le slogan des « 3V » (*Volume, Vélocité* et *Variété*) rappelle les « 3C » (*Customer, Competition, Change*) du *reengineering* d'il y a 20 ans et n'éclaire pas davantage. Ces trois « V » sont issus d'un rapport du Meta Group datant de 2001 – c'est-à-dire avant même que le sujet ne prenne, peut-être même chez Google, réalité. Il ne mentionnait pas le terme « Big Data », et constatait simplement une croissance des formats et du volume de données et recommandait de mieux en formaliser la gestion.

La première utilisation du terme « Big Data » date d'un article présenté au congrès de l'Econometric Society en 2000. Il fait en 2008 et 2010, la couverture de deux des revues de recherche les plus respectées, *Nature et Science*, ensuite en avril 2010 l'objet d'une page Wikipédia en anglais, puis en français à la fin de cette même année. Il se répand depuis dans les publications informatiques et enfin grand public.

De nombreux acteurs des TI complètent le slogan des 3V avec des « V » à l'inspiration de leur service marketing. IBM ajoute aux trois premiers la *Véracité*. Oracle, leader des bases de données (BdD), ne cite pas la trinité des « V », mais ajoute une offre Big Data Analytics incluant de la « valeur ». Intel est le seul à quantifier le sujet, un volume médian généré par semaine supérieur à 300 To quand Microsoft définit le *Big* comme requérant une puissance de traitement « significative ». Il ressort que, pour ces acteurs des TI, le Big Data est la combinaison d'au moins deux des points suivants : volume, élevé mais peu défini, complexité et technologies.

Des chercheurs européens[1] décèlent en arrière-plan de ce terme une alliance de *Big Business (measure, manipulate, monetize)* et de Big Brother *(datafication, dataism, dataveillance)* : les citoyens-consommateurs ont cédé une partie de leur intimité en échange de sécurité et de gratuité. Cette alliance est exploitée par des experts dont on observe qu'ils passent sans difficulté du monde académique à l'industrie et au renseignement. Ainsi Max Kelly, responsable de la sécurité de Facebook et des informations personnelles de plus d'un milliard de personnes travaille-t-il à présent pour la NSA.

Cet ouvrage tente de cerner, au-delà de l'effet de curiosité, ce qu'est le Big Data. Il entend présenter ainsi les technologies pertinentes, les principes d'actions et des exemples de transformation permis au sein des entreprises par celui-ci.

1. J. Van Dijck, « Datafication, Dataism and Dataveillance: Big Data Between Scientific Paradigm and Ideology », University of Amsterdam, 2014.

Chapitre I

INFORMATIQUE EN ENTREPRISE[1]

Les informaticiens et tous ceux qui travaillent autour des technologies ont l'habitude des modes et des mythes. Le phénomène n'est pas récent : l'électricité éclairant les rues devait mettre fin au crime, le télégraphe apporter la paix universelle... Le cabinet Gartner a formalisé par une courbe alternant phases ascendantes et descendantes, le « Hype Cycle », nos attentes vis-à-vis des TI. À la phase du « déclenchement technologique » succède le pic des « attentes démesurées », puis vient la chute dans la « dépression de la désillusion » et la montée de « l'illumination » qui mène au plateau de la « productivité » où la technologie atteint un niveau d'utilité et d'efficacité satisfaisant. Elle est alors assimilée par les personnes et les organisations et a trouvé sa juste place. Pour le Big Data, en 2015, la descente vers la dépression de la désillusion est entamée.

Avant de se pencher sur ce qui, au-delà du phénomène de mode, fait l'originalité de l'approche Big Data, revenons sur la manière dont l'informatique s'est

1. Le terme « informatique » sera, dans ce texte, indifféremment utilisé avec celui de TI. Systèmes d'information (SI) le sera pour l'informatique utilisée en entreprise.

implantée dans les entreprises et la place qu'elle y occupe aujourd'hui.

Dans les firmes, l'accent a été, initialement et durant longtemps, mis sur l'« automatisation », l'outillage des process d'entreprise que permet l'informatisation. Il marque un transfert de coûts des personnes vers les technologies. À partir des années 1990, l'informatique s'est focalisée sur la manière de réorganiser au mieux les processus à partir de la refonte des systèmes d'information internes aux entreprises. Il s'agit du reengineering, popularisé par Michael Hammer et le président de CSC, James Champy, dans un livre éponyme publié en 1993. En France, l'intérêt pour cette approche s'est traduit dans les entreprises par l'attrait pour le mot « organisation » et l'apparition de « directions organisation », « directions organisation et SI »...

La fin de cette focalisation des TI sur les process fut annoncée dix ans plus tard dans un article « Les TI n'ont pas d'importance[1] » : il relevait, entre autres, fort justement que les process des firmes résident dans les progiciels dont elles s'équipent de manière croissante. Le champ d'action des DSI se trouve ainsi recentré sur les paramétrages apportés à ces progiciels, ainsi que sur l'élaboration et l'entretien des logiciels spécifiques, c'est-à-dire créés par la firme, et conservés soit en raison d'une réelle singularité de ses activités et du poids du passé (savoir-faire collectifs et individuels des utilisateurs ou informaticiens), soit par absence d'alternative (marché de progiciel absent ou trop ténu sur ce

1. N. Carr, « IT Doesn't Matter », *Harvard Business Review*, mai 2003, p. 41-49.

segment). Mis à part l'intégration des outils de mobilité, réseaux sociaux d'entreprise et *cloud computing* depuis le début des années 2010, hors changements de l'entreprise elle-même (fusion, acquisition, séparation...) ou de son environnement (réglementation, menace...), les équipes chargées des TI s'attachent plutôt à la maintenance d'une base installée qu'à l'équipement de nouveaux champs fonctionnels. Si le champ d'action des DSI peut s'étendre aujourd'hui, c'est sans doute moins du côté des traitements que de celui des données.

En informatique, le traitement a précédé la donnée. Il a créé celles utiles à l'automatisation de tout ou partie des activités. Quelle que soit la méthode d'élaboration d'un logiciel, elle contient un ou plusieurs cycle(s) spécification-codage-test, et la phase de spécification organise la réflexion autour d'un modèle du monde, créé pour l'occasion. Même dans ce qui a pris le nom de *Business Intelligence*, ou décisionnel, l'exploration des données de la firme dans un but de décisions s'appuie d'abord sur les modèles ayant présidé à l'alimentation de l'entrepôt de données (ou *Datawarehouse*). Dans un second temps, l'exploration par les utilisateurs s'appuie sur les modèles contenus dans les magasins de données (ou *Datamarts*) tels qu'ils ont adaptés à un métier particulier.

L'originalité de l'approche Big Data réside en ce qu'elle ne s'appuie pas sur les structurations préexistantes à la collecte de données, mais entend découvrir au sein de ces données des modèles. Mais de quelles données parle-t-on ?

Chapitre II

DONNÉES

I. – Utilité

Le monde contient autant d'informations que nous le souhaitons. L'expansion de l'univers ou l'augmentation de son entropie, le fait qu'à toute information il peut en être ajouté autant que désiré, par exemple sa date de création ou sa précision, suffisent à asseoir ce point. Par ailleurs, transformer des informations en données induit un coût *a minima* de capture, de transmission et de stockage. Certaines informations sont ainsi transformées en données en raison de leur utilité supposée.

Cette utilité est définie par l'utilisation effective de ces données : mesure de la tension d'un câble de pont, arrêt de l'ascenseur à l'étage désiré, service d'une page suite à une recherche sur un moteur de recherche Internet…

L'utilité sans laquelle les données n'existeraient pas conditionne (avec d'autres facteurs) leur coût admissible. En revanche, une fois leur utilité consommée, la loi de Kryder autorise leur conservation croissante.

Ces scories numériques non prévues à leur création sont aujourd'hui l'objet de toutes les attentions.

II. – Volume

Tous les écrits présentant le Big Data font état d'un nombre croissant de données. La revue *Nature* de septembre 2008, à l'origine de la popularité du terme, titrait « Big Data, Science in the Petabyte Era[1] ».

Les puissances de 1 000 sont redoutables. Il est difficile de se représenter ce que signifient méga, giga ou téraoctets. Si, à la place d'un octet (unité numérique nécessaire pour coder un caractère) nous prenons une seconde, une kiloseconde (c'est-à-dire 1 000 s) représente 17 min, soit le temps de cuisson d'un (gros) œuf, une mégaseconde représente 12 jours, c'est-à-dire les deux tiers du cycle d'une mouche, d'œuf à adulte, une gigaseconde, 32 ans, soit le tiers d'une – longue – vie d'humain. La téraseconde, 33 000 ans, nous amène à la dernière glaciation, une pétaseconde à la moitié de la période nous séparant des derniers dinosaures, une exaseconde représente 7 fois l'âge de la planète, une zettaseconde 2 300 fois l'âge de l'univers, et la yottaseconde 2,3 millions de fois…

Ces grandeurs sont impressionnantes, mais peut-être révèlent-elles surtout que nous partons de très bas. Le cerveau humain, une centaine de milliards de neurones (100 giganeurones) et un million de milliards de synapses (un petasynapse) est, en période d'éveil, constamment alimenté par nos capteurs. Uniquement pour la vision, les yeux envoient, des dizaines de fois par seconde, 15 mégapixels d'information au cerveau. Pour une vie de 80 ans, à 50 000 secondes d'éveil par jour, cela représente environ

1. Big Data, la science à l'ère du pétaoctet.

deux exaoctets. Les grandeurs biologiques donnent pour l'instant des mesures d'un autre ordre. Le séquençage de l'ADN l'illustre bien.

III. – L'exemple des séquenceurs ADN

Au cœur de toutes nos cellules, cellules sexuelles exceptées, résident, dans les chromosomes, les deux chaînes d'ADN de nos parents, dont la somme constitue notre génome. Cet ADN consiste en une suite de quatre molécules, dites bases azotées : adénine, thymine, guanine et cytosine. Ceci donne un codage à 2 bits. Le génome des humains est constitué de deux fois 3,4 milliards de paires de bases, soit pour 2 bits, 1,7 gigaoctet de données.

Un séquenceur permet de « lire » l'ADN, c'est-à-dire de décoder la suite de bases qui le constituent. Ces dix dernières années, sur deux vagues technologiques, le coût de séquençage du génome humain a été divisé par environ 10 000. À titre de comparaison, la loi de Moore a fait progresser les processeurs d'un facteur 100 ces mêmes dix dernières années.

La première vague, dite technologie capillaire, dura de la fin des années 1970 jusqu'au milieu des années 2000. Elle autorisa le premier séquençage du génome humain en 2000, après treize ans de travail et environ 3 Md $. La génération suivante, basée sur des puces, permit de décrocher complètement de la loi de Moore. Elle nécessite de multiplier les brins d'ADN, les couper en brins de longueur quelconque, séquencer ces brins et enfin, par calcul, reconstituer la chaîne complète du chromosome.

La prochaine vague sera vraisemblablement basée sur capture directe, par caméra haute définition, de réaction des bases dans des cuvettes de quelques dizaines de zeptolitres (10^{-21} litres) d'un film aluminium sur substrat de silicium, ou par passage d'une chaîne d'ADN à laquelle un enzyme est attaché, à travers le nanopore d'une membrane chargée et détection individuelle de chaque base, par mesure de la modification du courant électrique dans la membrane. Ces deux technologies s'appliquent à des échantillons peu ou pas préparés, sur des ordinateurs portables.

Le volume de données produit atteint, pour les technologies actuelles, jusqu'à des dizaines de téraoctets de données brutes par génome, données qui sont ensuite épurées, raffinées, corrigées, croisées pour aboutir au 1,7 gigaoctet par génome susmentionné. Seuls quelques pour cent de ces données, l'exome, correspondent aux 30 000 gènes identifiés aujourd'hui. Une partie du reste est à ce jour supposée activer, ou désactiver, les gènes, en un processus nommé épigénétique. Ces dizaines de téraoctets sont conservés, car l'exactitude du résultat final dépend de deux facteurs qui s'améliorent constamment : le génome de référence et la performance des logiciels de traitement. Ceci fait que les données stockées par l'unité de recherche Inserm U900 (Institut Curie, Mines ParisTech), bioinformatique et biostatistique du cancer, doublent, en 2013 tous les cent cinquante jours[1].

Le cancer est une maladie pour partie ou totalité à cause génétique, et aujourd'hui la génomique est vue

1. Conversation avec Jean-Philippe Vert, chef de l'équipe apprentissage statistique et modélisation des systèmes biologiques, U900, 2014.

comme un champ prioritaire de recherche, relativement aux approches cytologique ou anatomique, et vise à identifier les parties du génome en cause. Ainsi, sur les milliers de génomes de cellules tumorales mis à disposition par *The Cancer Genome Atlas*, une équipe du Broad Institute a permis, en étudiant 5 000 génomes provenant de onze types de cancer, d'identifier 140 zones suspectes (multiplication ou suppression de l'ADN), allant bien au-delà des 35 zones jusque-là connues pour contenir des gènes impliqués dans les cancers.

La bataille des données contre le cancer est en cours, le centuplement du volume stocké entre 2008 et 2013 pour les recherches de l'U900 en donne la mesure.

IV. – **Données dactylographiques**

Notre obsession pour les données dont l'utilité croît avec le volume ne vient pas de l'analyse de notre biologie, mais peut-être d'un sujet d'exposé qui conduisit l'étudiant Larry Page de l'université de Stanford à réfléchir à un système de classement pour les sites à nombreux commentaires. Le premier test eut lieu en mars 1996 et permit d'explorer 15 millions de pages avec d'excellents résultats en classement des recherches. Il ajouta au *pagerank* (algorithme de classement de la popularité des pages Web), mesure dont l'efficacité croît avec le nombre de pages du Web, une analyse des pages origines des liens retour, ainsi que de certains signaux (fréquence des mots, fonte, majuscule, titre des pages…). C'est cette technologie qu'il développa avec Serguei Brin. Le service est lancé depuis leur chambre à Stanford en septembre 1997. N'étant pas parvenus à vendre cette technologie, ils créent Google en septembre 1998. En janvier 2000, Yahoo sous-traite à Google sa recherche, alors que les serveurs contiennent déjà plus d'un milliard de pages.

Les données s'accumulant, Google a dû très tôt innover en infrastructure logicielle, créant une gestion d'index in-memory (voir p. 54) et Google File System (GFS) qui divise les fichiers en segments de 64 Mo répartis sur au moins trois disques en résilience aux défaillances, relativement fréquentes quand le matériel acheté est le moins cher possible.

Puis Amit Patel, arrivé début 1999, a commencé à analyser l'utilisation de Google, étudiant les logs conservés : un clic « long » signifie une absence de retour sur la page Google, donc que le lien cliqué est satisfaisant, un clic « court » marque un retour rapide pour essayer d'autres liens, les successions de frappes de mots similaires enseignent les fautes de frappe…

En 2001, Google était disponible en 26 langues. Franz Och, embauché en 2004 pour les traductions, a utilisé Statistical Machine Translation, une technologie développée par IBM dans les années 1980. Celle-ci s'appuie sur les données de corpus de traductions. Ses résultats s'améliorent avec le volume ; sans doute + 0,5 % à chaque doublement de données. Ce travail a été étendu à la voix, avec un numéro (1-800-GOOG-411) offrant, de 2007 à 2010, un service d'annuaire gratuit, ou plutôt en échange de phonèmes. Des millions d'échantillons de voix et d'intonation ont permis à Google de créer des modèles efficaces de reconnaissance vocale.

Finalement, l'ambition de Google d'organiser l'information du monde devint celle d'apporter la

« connaissance », c'est-à-dire de fournir des informations souhaitées avant la formulation complète de la recherche (Google Instant complète la recherche depuis septembre 2010), voire, selon Eric Schmidt, directeur général, de vous apporter « des informations dont vous ne saviez pas avoir besoin ».

Nous reviendrons à Google, troisième constructeur (ou assembleur) mondial de serveurs, en possédant plus d'un million, car cette société a réalisé avant beaucoup la *valeur* résidant dans les données massives.

Si Google illustre, parmi d'autres acteurs d'Internet, l'importance des données, une autre source que le clavier fournira un relais puissant et durable à la constitution de celles-ci.

V. – **Données de l'Internet des objets**

Les débuts de l'Internet des objets, souvent abrégé en IoT (Internet of Things), remontent à la fin des années 1980. Cet Internet des objets est constitué de l'ensemble des objets de la vie de tous les jours qui sont lisibles, reconnaissables, localisables, adressables et/ou contrôlables par Internet, par technologies RFID (*radio frequency identification*), LAN (réseau local) sans-fil, WAN (réseau sur grande distance)…

Dans cet Internet des objets sont principalement distinguées :

– *les communications d'objet à personne*, par exemple l'accès à distance à des objets ou l'inverse, des objets (*blogJets*) qui communiquent en continu leur statut, environnement et données de capteurs ;

– *les communications d'objet à objet interagissant sans intermédiaire humain* : des objets en contrôlant d'autres, décidant d'actions correctives, informant ou alertant des humains…

La nouveauté est d'utiliser Internet et ses protocoles de communication pour des objets de tous les jours. Les applications sont, tout au moins théoriquement, infinies : des automobiles qui refusent de se percuter, un programme de télévision qui suit de pièce en pièce son spectateur, des boîtes à pilules qui alertent patient et praticien en fin de stock ou en cas de non-prise de médicament, la climatisation d'un immeuble qui s'ajuste en fonction de la présence ou du passage d'êtres humains…

Pour le Stanford Research Institute, l'Internet des objets est une « technologie de rupture », c'est-à-dire une innovation technologique destinée à devenir dominante d'ici à 2025. Cette rupture s'opérerait en quatre étapes principales :

– *puces RFID-1* : utilisation privilégiée en logistique pour faciliter les expéditions, les inventaires et prévenir le vol (échéance originelle 2005) ;
– *puces RFID-2* : extension de l'usage aux domaines de la santé, de la surveillance, etc., grâce à des coûts en baisse ;
– *IoT 1* : géolocalisation permanente, à l'extérieur et à l'intérieur, pour un suivi permanent de personnes et objets (2020) ;
– *IoT 2* : téléopération et téléprésence, surveillance & maîtrise à distance (2025).

Les deux premières étapes s'appuient sur la technologie existante des puces RFID. Il s'agit de composants électroniques de dimensions très réduites et qui répondent, sous quelques mètres maximum, à une impulsion d'ondes radio par une autre impulsion radio délivrant le nombre identifiant de la puce. L'impulsion originelle fournit l'énergie qui n'a donc pas besoin d'être stockée. Le dispositif, simple et rustique, est similaire aux puces antivol des magasins.

Des technologies connexes à cet Internet des objets sont actuellement développées comme la biométrie, la vision, les algorithmes de reconnaissance, d'identification de dérive, de recalibrage... et la « récolte d'énergie ». Récolter ou capturer l'énergie électrique revient à en créer en quantité infinitésimale, à partir de l'environnement ou de ses variations. De nombreuses formes de récolte d'énergie existent déjà ou seront prochainement disponibles. Le solaire, avec des cellules photovoltaïques, le vent avec des anémomètres, la piézoélectricité (variation de contrainte, de pression ou déformation d'un solide), les variations de température, de son ambiant, les gradients de salinité, l'énergie cinétique (depuis des décennies dans l'horlogerie), les variations de radiofréquences ambiantes...

Jusqu'à présent, le développement de l'Internet des objets intervient à un rythme plus lent que celui prévu par le Stanford Research Institute. L'exemple de l'usage des puces RFID dans la distribution américaine permet de le mettre en lumière.

1. **L'exemple de la grande distribution.** – En juin 2004, la multinationale américaine de la grande distribution Walmart annonce qu'elle demande à ses 100 plus gros fournisseurs (rejoints plus tard par

37 « volontaires ») d'équiper de puces RFID les palettes et cartons à destination de ses magasins du nord du Texas. Peu après, deux de ses concurrents – Tesco et Metro – font de même. Le Pentagone aussi choisit en janvier 2005 l'équipement de puces RFID des palettes et cartons à destination de ses entrepôts et, contrairement à Walmart, il en assume le surcoût. Chacun prédit alors que le coût de fabrication unitaire de ces puces va baisser à 20 ¢, puis 5 ¢ en 2006 avant d'être réduit à quelques fractions de cents américains en 2009. À cette date, on suppose que suivant l'exemple de ces géants un très grand nombre d'entreprises décident de s'équiper, faisant décoller le marché des puces.

Cela ne s'est pas réalisé. Dix ans plus tard, on peut dégager diverses raisons à ce relatif échec. D'abord, une bonne coordination des acteurs n'est jamais chose aisée, surtout lorsque la logistique fonctionne en boucle ouverte, ce qui est le cas de Walmart. Ensuite, l'opposition d'activistes en matière de confidentialité (silence des puces) s'ajouta à la difficulté de mise en œuvre d'un tel changement de l'informatique, des process, etc. Le manque de standards est également en cause, les fréquences HF & UHF étant allouées par pays, ainsi que d'autres aspects plus pratiques : eau et métal posent problème aux longueurs d'onde utilisées, le nombre de puces scannables simultanément est limité, etc.

En revanche, des systèmes de ce type ont été mis en place avec succès à partir de 2007 sur des applications en boucle fermée, c'est-à-dire sans nécessité de coopération entre plusieurs firmes. C'est de cette manière que Boeing peut suivre ses actifs dans l'usine construisant la station spatiale internationale. Plusieurs constructeurs automobiles l'appliquent à la gestion de la production des véhicules en usine, réalisant ainsi économie de main-d'œuvre, gain sur les temps de cycle, réduction des pertes et vols…

2. **Des constructions résilientes.** – Le 1er août 2007 près de Minneapolis, le soir à l'heure de pointe, un pont autoroutier à huit voies enjambant le Mississippi s'est effondré, les goussets reliant les poutres d'acier s'étant peu à peu fissurés puis ayant brutalement cédé. Le bilan est de 13 morts et plus de 100 blessés. La construction de ce pont remontait à 1967, son remplacement n'était initialement pas prévu avant 2020. Toutefois, une inspection réalisée en 2005 avait révélé une faiblesse structurelle. Des travaux avaient donc été programmés, mais d'autres avaient été jugés plus prioritaires encore. Il est difficile de juger de l'état d'infrastructures qui sont souvent utilisées hors des conditions d'usage imaginées au moment de leur conception. La fréquence des contrôles est la clé de la sécurité, l'idéal étant le contrôle en continu.

C'est pour parvenir à ce contrôle continu qu'en 2006 une équipe de l'université de Californie à Berkeley se pencha sur le cas du Golden Gate et détermina qu'avec 64 capteurs déployés sur une arche et sur sa portée principale, ils auraient une vision précise et en temps réel de l'état du pont. Chacun des 64 capteurs est à la fois émetteur et relais (certains signaux passant par 45 capteurs), réduisant fortement la consommation électrique. Le choix de leur emplacement demanda le développement d'un logiciel dédié chargé de trouver le meilleur ratio entre capture et transmission des informations afin de réduire le délai d'acheminement des données. L'enjeu est réel lorsque quatre-vingts secondes de données pouvaient prendre douze heures pour arriver à l'ordinateur en bout de chaîne. Ces capteurs sans-fil coûtaient environ 600 $ pièce, au lieu de 4 000 à 10 000 $ pour les capteurs filaires.

Par la suite, le pont St. Anthony Falls qui remplaça en septembre 2008 celui qui s'était effondré fut aussi équipé de dispositifs d'alerte composés de centaines de capteurs : fils et fibres optiques mesurant la tension et les déplacements, accéléromètres, potentiomètres et capteurs de corrosion inclus dans la portée pour évaluer une faiblesse structurelle comme le béton corrodé ou des joints trop sollicités, capteurs de température pour déterminer les arrosages d'antiverglas…

En 2009, le pont coréen de Jindo fut équipé d'un dispositif de 113 nœuds, chacun de six capteurs surveillant la tension des câbles, le vent et les vibrations du tablier. Un dispositif sophistiqué minimise la consommation des nœuds (réveil du capteur toutes les dix secondes pour émettre des données), certains nœuds sentinelles alertant le réseau lorsque des phénomènes (vent…) dépassent certains seuils. Ils en transmettent alors des données d'alerte. L'autonomie électrique des capteurs est de plusieurs années, d'autant qu'éoliennes ou panneaux solaires alimentent une partie des nœuds.

Peut-être le futur des ponts passe-t-il par des « peaux » (peinture incluant des nanotubes de carbone, ciment conducteur, etc.), dont les propriétés électriques sont sensibles aux vibrations, contraintes ou déformations ainsi que par l'équipement de véhicules les traversant régulièrement (autobus, voitures municipales…), de capteurs mesurant les réactions de l'ouvrage à leur passage et rapportant tout changement suspect. L'étape suivante est que l'ouvrage se protège lui-même lorsqu'il subit des conditions hors des standards. C'est déjà en partie le cas d'un bâtiment, le World Financial Center à Shanghai (2008) qui, haut de 492 m, a été conçu avec des masses absorbant les secousses d'un tremblement de terre et à positionnement variable afin d'éviter des résonances.

3. **Des moteurs bavards.** – Au milieu des années 2000, Rolls-Royce décide d'équiper de capteurs ses moteurs d'avion de la gamme Trent et crée la gestion de santé de ses moteurs (EHM, *Engine Health Management*). Le but de ce programme est d'identifier les problèmes sur ces moteurs le plus tôt possible, de manière à rationaliser les programmes d'entretien et de réparation ainsi que la gestion des stocks de rechange. Il est aussi de collecter des données en masse afin d'améliorer par la suite la conception du moteur lui-même.

Les actions, performances et statuts des composants des moteurs Trent sont stockés dans l'Aircraft Condition Monitoring System (ACMS), ainsi que d'autres données de vol, comme l'altitude, la vitesse, la température de l'air, la puissance électrique… L'analyse de ces données est réalisée au sol.

Les moteurs Trent peuvent être équipés d'environ 25 capteurs, le plus souvent multiusages. Les principaux paramètres du moteur (vitesses de l'arbre et température des gaz dans la turbine) donnent une vision claire de l'état global du moteur. Des capteurs mesurent le débit et la pression de carburant, la pression d'huile, sa température et sa quantité, les niveaux de vibration. Un détecteur magnétique mesure la quantité de débris dans le système d'huile, ceux-ci pouvant être causés par une usure anormale de roulements ou d'engrenages.

Ces capteurs réalisent à la fois des rapports instantanés sur les phases de décollage, d'ascension et de croisière comme sur des événements inhabituels (seuil de température des gaz…) et un résumé en fin du vol. Le transfert des données de l'avion au sol utilise comme système de communication principal ACMS. Il transmet les données par radio, en bande VHF, à 3 kbits/s ou par satellite, à des stations au sol. Ces données sont ensuite acheminées vers le centre d'analyse de Rolls-Royce. Des dispositifs de transmission sans-fil et à plus grand débit, une fois l'avion au sol, sont aujourd'hui également envisagés.

Les rapports font ensuite l'objet de traitements automatiques comme le contrôle de validité, la normalisation des données… Leur contenu est comparé à celui des vols précédents, afin de mettre en évidence des changements faibles, mais significatifs. Les données des multiples capteurs sont croisées, afin d'augmenter les capacités de détection. Les comportements anormaux détectés doivent être confirmés par un analyste du centre des opérations, avant d'être transmis à la compagnie aérienne et enregistrés par le support technique Rolls-Royce. Les tendances des mesures, ainsi que d'autres données des ACMS, sont communiquées aux exploitants des compagnies. Ils ont ainsi un panorama toujours actualisé de l'état des moteurs de leur flotte.

Tout changement, hors modèle de fonctionnement, des caractéristiques du moteur est un signal qui est compris comme un symptôme. Les analystes, aidés des ingénieurs, transforment ce symptôme en diagnostic, évaluant la cause, comment elle peut être confirmée par un opérateur et s'il y a urgence à le faire, ou si l'intervention sera incluse dans la prochaine maintenance programmée. Nous verrons plus loin (p. 108) en quoi cette abondance de données riches et fraîches ainsi que les modèles qui en sont issus ont fait évoluer le modèle d'affaires de Rolls-Royce.

D'autres projets de ce type se développent aujourd'hui. SKF, société spécialisée dans la construction de roulements a annoncé en 2013 la création de SKF Insight™. Ce programme propose l'intégration de capteurs sans-fil dans des roulements, capteurs à même de communiquer en continu les conditions de fonctionnement de ces roulements. Ces informations sont particulièrement précieuses pour des machines critiques ou des applications limites.

Ces capteurs miniatures relèvent la vitesse de rotation, la vélocité, la température, les vibrations, les charges... Ils sont autoalimentés (récolte d'énergie) et communiquent leurs données sans-fil. Ils sont à même de signaler des surcharges, une contamination du lubrifiant...

Avec un tel équipement, les dommages, plutôt qu'être constatés, peuvent être prévenus d'autant qu'en mesurant la charge directement sur le roulement, ce sont les contraintes réelles, et non celles supposées à la conception, qui sont mesurées. Les données recueillies peuvent ainsi permettre d'améliorer la conception du roulement comme celle du système dont il fait partie.

4. **Des champs positionnés** – Deux anciens employés de Google ont fondé en 2006 Weatherbill,

devenue depuis The Climate Corporation, afin de valoriser les informations publiées gratuitement par le National Weather Service américain. L'idée initiale était de vendre des assurances aux entreprises dont l'activité dépend des conditions météorologiques, comme les stations de ski, les entreprises du secteur du bâtiment ou encore les exploitations agricoles.

Vendre des polices d'assurance par Internet à des entreprises de taille modeste s'est avéré difficile, les clients, souvent peu familiers avec des produits complexes, préférant avoir une présentation plus classique et des explications sur les produits. La société a resserré son activité sur les agriculteurs et s'est appuyée sur les 10 000 agents commercialisant les assurances-récoltes de l'État fédéral.

Rapidement, le volume des données centralisées par cette société a fortement crû : soixante années d'historique sur les récoltes, 15 téraoctets d'information sur la composition des terrains (maillage de 3 km^2) et un million de points relevés par les radars Doppler du réseau d'alerte aux cyclones, etc. Toutes ces informations ont permis de prédire avec une précision croissante les récoltes de maïs, soja et blé. En 2013, Monsanto, le géant de l'agrochimie et des semences a acquis The Climate Corporation et ajouté ses téraoctets de données sur des centaines de milliers de semences et leur rendement. Monsanto propose aujourd'hui le produit Fieldscript supposé prévoir quelle semence pousse le mieux dans quel champ et sous quelles conditions. Ce service est couplé avec l'utilisation de machines équipées de GPS et fabriquées par Precision Planting, firme acquise par Monsanto en 2012. Ces machines ensemencent les graines adéquates, aux profondeurs et espacements adaptés aux caractéristiques du sol et aux conditions climatiques… Les prévisions de rendement peuvent éventuellement être mesurées à la récolte, avec une moissonneuse également équipée de GPS.

Sur cet « ensemencement prédictif », les agriculteurs rapportent une augmentation des rendements de 5 % sur deux ans. Les fournisseurs de semence estiment qu'avec plus de données, certains rendements pourraient augmenter de 25 %, c'est-à-dire bien davantage qu'avec toute autre technologie.

La portabilité, la confidentialité et finalement la propriété de données critiques sur ce type de produits donnent lieu à beaucoup de questions, qu'il s'agisse de l'utilisation en quasi-instantané par les fabricants de moissonneuses des volumes de récolte pour prendre position sur les marchés à terme ou encore de l'évaluation très précise de la valeur d'une exploitation pour cotation et rachat…

5. **Des objets connectés.** – Bien d'autres objets qualifiés « d'objets connectés » sont annoncés, et tout un chacun devrait en être prochainement équipé. Ces objets devraient nous permettre de mesurer et de maîtriser les aspects de notre vie de coureur, de diabétique, de parents, de cuisinier, d'étourdi… Les analystes, entre autres ceux du cabinet Gartner, en prédisent des dizaines de milliards dès 2020. Ces objets connectés généreraient alors des masses de données, se coordonneraient entre eux automatiquement et rendraient nos vies (personnelles) plus aisées. Cela ne va pas sans susciter déjà des dérives.

Le 7 février 2014, la commission fédérale du Commerce américain, dont la devise est « *Nous protégeons les consommateurs* », a approuvé l'ordonnance établissant que la société Trendnet, en raison de ses pratiques laxistes en matière de sécurité, a conduit à l'affichage de la vie privée sur Internet de centaines de consommateurs.

Lorsque Trendnet a commercialisé ses caméras SecureView, elle a positionné ce produit dans le secteur de la sécurité du domicile, de la surveillance de bébé à distance, etc. Sur de nombreux documents promotionnels, elle a mis en avant la sûreté du service. Mais le logiciel présentait d'importantes failles de sécurité, permettant, à quiconque en possession de l'adresse IP de la caméra, de voir ou d'écouter ce qu'elle surveillait... et tout cela sur Internet. Factuellement, pour les personnes dont la caméra était « sous surveillance », la sécurité de leur domicile, voire de leur bébé, n'a pas été accrue, mais au contraire fortement dégradée, sans compter le désagrément de voir certaines séquences de leur vie intime postées sur Internet.

La condamnation de Trendnet a inclus l'information des consommateurs, la mise en œuvre d'un support technique gratuit durant deux ans afin d'aider à sécuriser ou désinstaller le matériel, l'évaluation par un tiers durant les 20 prochaines années des programmes de sécurité proposés par la société...

L'exemple de cette caméra est loin d'illustrer la multitude des problèmes rencontrés. Des sites comme www.shodanhq.com ou www.eripp.com se sont fait une spécialité de lister sur Internet les ordinateurs (webcam, centrales électriques, éoliennes, réfrigérateurs... cf. page d'accueil) connectés, dont les mécanismes d'authentification et d'autorisation d'accès sont défectueux. Ils sont identifiés par ville, pays, latitude/longitude, OS, n° IP… Le département de la Sécurité intérieure des États-Unis rapporte plus de 500 000 équipements industriels visibles de ces sites et donc potentiellement vulnérables.

La connexion d'objets à Internet exige qu'il soit porté une attention minimum à la sécurité. Cela demande du temps et des compétences.

Des données diverses sont donc générées et stockées partout et tout le temps. Elles imprègnent le monde, et leur volume permet d'extraire du sens d'informations pourtant très clairsemées. Plus les données sont nombreuses et couvrent des domaines variés, davantage pouvons-nous adopter, formellement, des raisonnements inductifs et non déductifs. C'est ce qui fait la spécificité du Big Data.

Chapitre III

BIG DATA : CONCEPTS ET DÉFINITION

I. – Prévoir le présent : l'exemple de Google Flu

L'exemple qui va nous servir de fil rouge pour comprendre ce qu'est le Big Data est un des cas les plus documentés (notamment par une série d'articles parus dans la revue *Nature*). Il concerne l'épidémiologie de la grippe.

La grippe tue annuellement entre 250 000 et 500 000 personnes dans le monde. Certaines pandémies, telle la grippe dite espagnole des années 1918-1920 qui tua des dizaines de millions de personnes, sont bien plus dangereuses.

La grippe est un virus[1] à ARN simple brin, à qui il manque la redondance qu'apporte l'ADN double brin des humains, parmi d'autres. Sans la redondance et ses mécanismes de correction, il mute fréquemment, soit par *glissement antigénique* (qui ne modifie pas la structure globale), soit par *réassortiment génétique* entre virus de sous-types différents, pouvant venir d'hôtes différents (hommes, animaux), ce qui peut le rendre

1. En fait, trois familles de virus de la grippe existent (et infectent les oiseaux et certains mammifères dont le porc, le phoque et l'être humain), et nous simplifions notre discours en utilisant le singulier.

nouveau, donc dangereux, pour les humains. Le réassortiment génétique conduit notamment au changement du type d'hémagglutinine, protéine présente à la surface du virus et responsable de la liaison avec la cellule qui est infectée. Elle est codée dans un des douze gènes composant le génome du virus, qui est constitué d'environ 15 000 paires de bases.

Alors que les vaccins ont éradiqué, ou quasi éradiqué des maladies comme la variole ou la poliomyélite, le vaccin de la grippe doit constamment s'adapter à cette cible mouvante et anticiper ou suivre le plus rapidement possible ces mutations. Il doit s'adapter aux glissements antigéniques et aux réassortiments génétiques.

Les glissements antigéniques sont intégrés chaque année en préparant les vaccins antigrippaux à partir des souches virales de l'année précédente, souches choisies en février par l'Organisation mondiale de la santé en fonction des données épidémiologiques.

Prendre en compte un réassortiment génétique est bien plus délicat, et les systèmes de santé ont dû développer des dispositifs d'alerte pour identifier le plus rapidement possible des épidémies et des méthodes de fabrication rapides de vaccin une fois le virus réassorti détecté. La réaction rapide à l'apparition d'une nouvelle souche est donc essentielle.

Le procédé classique de fabrication du vaccin contre la grippe – un nouveau vaccin tous les ans – prend des mois. Il consiste en l'isolement des virus de la grippe, suivi par des étapes de clonage et de réassortiment génétique, et enfin la croissance en masse dans des œufs de poule produisant des virus. Il peut même arriver qu'au moment où le vaccin est disponible, le virus en circulation soit différent ou que, dans le cas d'une pandémie, la vaccination de masse ne soit possible qu'après que le pic est passé.

C'est ce qui s'est produit en 2009 pour le virus H1N1. Moins de six mois après la déclaration de pandémie, les fabricants de vaccins avaient développé, produit et distribué des centaines de millions de doses de vaccins. Malheureusement, la réponse n'avait pas été assez rapide : des quantités importantes de vaccins n'ont été disponibles qu'après le sommet de la deuxième vague de la pandémie.

La fabrication de vaccin requiert des souches de virus qui se multiplient correctement sur des cellules d'œuf ou des cellules de mammifère pour produire l'antigène essentiel au vaccin, l'hémagglutinine (en l'occurrence le « H » de H1N1). C'est la mise à disposition tardive de ce virus à « haut rendement » qui a principalement retardé la mise en fabrication du vaccin.

L'association d'une transmission instantanée des données caractérisant la nouvelle souche et d'une production locale en des modes accélérés peut être un moyen efficace de réduire les délais. Un record en la matière a été rapporté en 2013 dans la revue *Science Translational Medicine* par deux équipes américaines.

Réfléchissant aux causes des six mois de délais pour la fabrication et la distribution des doses de vaccins lors de la pandémie de 2009, ils testèrent un mode de réponse rapide à l'identification d'une nouvelle souche.

Le BARDA, unité du ministère américain de la Santé spécialisée dans les situations d'urgence en santé publique, a envoyé, le 29 août 2011 à 8 heures aux équipes les données (d'une souche de virus inconnue de celles-ci) de séquençage de deux gènes (hémagglutinine et neuraminidase comptant, respectivement, 1 700 et 1 500 paires de bases) dans un fichier informatique.

À partir de ces données, les équipes de recherche de Californie ont créé, avec leur logiciel, les oligonucléotides (fragments d'ADN) requis, les ont assemblés et ont synthétisé l'ADN correspondant qu'ils ont expédié aux équipes de la côte Est. Ces équipes l'ont injecté dans des cellules de rein de chien, cellules appropriées au résultat recherché. Ces cellules ont commencé à produire les virus correspondants, constituant les éléments précurseurs pour la production de masse du vaccin. L'ensemble a pris quatre jours et quatre heures, temps d'expédition d'un laboratoire à l'autre – de la Californie au Massachusetts – compris.

Si le gain de temps est remarquable, le succès de l'entreprise dépend également de la précocité de l'identification du nouveau virus en phase de recrudescence de l'épidémie.

Pour faciliter cette détection, le Center for Desease Control (CDC) a mis en place divers dispositifs virologiques (environ 150 laboratoires rapportent les types, éventuellement les séquençages, des virus détectés) et cliniques : le réseau Sentinel compte environ 2 500 médecins divisés en 9 zones couvrant le territoire des États-Unis. Douze millions de visites par an font ainsi l'objet d'un reporting, dont les cas de « maladies semblables à la grippe[1] ». Le CDC publie les résultats

1. Le protocole précise que le patient doit avoir une température supérieure à 37,8 °C, tousser ou souffrir de maux de gorge, et qu'hormis la grippe, ces symptômes n'aient pas de cause connue.

sur son site[1] avec un retard d'un peu moins de deux semaines sur le physique. Ces deux semaines correspondent au temps nécessaire pour que les patients réalisent leur état, prennent rendez-vous chez un médecin, le voient et que ce dernier rapporte avoir constaté un cas de grippe. Un échantillon de ces patients est ensuite examiné de manière plus approfondie, afin de déterminer quelle proportion souffre réellement de la grippe. Ce dispositif fonctionne correctement, néanmoins deux semaines peuvent s'avérer pénalisantes.

Le CDC a donc essayé de mettre en place différents dispositifs d'alerte avancée : appels téléphoniques à des numéros dispensant informations et conseils, consultation de sites Web, ventes ou expéditions de médicaments... Les meilleurs résultats globaux viennent de chercheurs dont vous pourriez faire partie, puisqu'il s'agit des recherches réalisées *via* le moteur de recherche Google.

Examinons comment les recherches des utilisateurs de Google permettent, en quasi temps réel, de donner une indication de bonne qualité sur l'avancée de la grippe. La méthode, automatique, a été créée par une équipe mixte, Google et CDC. Elle prend appui sur les centaines de milliards de logs de recherche de la période 2003-2007. Ces résultats ont été rapportés dans la revue *Nature* en 2009.

Google a réalisé très tôt la valeur des traces des recherches que nous menons sur son site et les stocke, vraisemblablement depuis 2003. À ce que nous avons

1. http://www.cdc.gov/flu/weekly/

saisi dans la fenêtre de recherche s'ajoutent d'autres informations (si nous sommes revenus ensuite sur la page et si oui, combien de temps après la recherche initiale, nos adresses IP...). Ces données sont anonymisées, semble-t-il au bout de neuf mois, puis agrégées à la semaine.

L'équipe est partie des 50 millions de recherches (agrégat hebdomadaire par État) les plus fréquentes, qui ont été normalisées, c'est-à-dire rapportées au nombre total de requêtes. Puis chacun des 50 millions d'agrégats de recherche a été comparé à la proportion[1] de visites de malades grippés chez les médecins du réseau Sentinel. Ces agrégats ont été testés sur chacune des neuf régions du réseau (soit 450 millions de modèles) afin d'identifier les termes de recherche s'approchant le plus de l'historique des visites de malades grippés par région recueilli par le CDC. Les 100 termes de recherche ayant la meilleure corrélation de Pearson avec les données du CDC ont été classés et ont été comparés avec les modèles en fonction du nombre de ces requêtes.

Le maximum est obtenu avec les 45 premières requêtes, et il est noté que les résultats chutent lorsqu'est incluse la 81e recherche, qui est *oscar nomination*, la cérémonie de remise des oscars à Hollywood se tenant fin février/début mars, date proche du pic habituel de la grippe.

1. En fait, c'est la fonction logit, soit ($\ln(p/1-p)$), qui a été utilisée dans la régression, mais le principe reste le même.

Les 45 premiers termes de recherche ont tous un rapport « logique » avec la grippe ou la santé : complications, remèdes, symptômes…

Search query topic	*Top 45 queries*		*Next 55 queries*	
	n	*Weighted*	*n*	*Weighted*
Influenza complication	11	18.15	5	3.40
Cold/flu remedy	8	5.05	6	5.03
General influenza symptoms	5	2.60	1	0.07
Term for influenza	4	3.74	6	0.30
Specific influenza symptom	4	2.54	6	3.74
Symptoms of an influenza complication	4	2.21	2	0.92
Antibiotic medication	3	6.23	3	3.17
General influenza remedies	2	0.18	1	0.32
Symptoms of a related disease	2	1.66	2	0.77
Antiviral medication	1	0.39	1	0.74
Related disease	1	6.66	3	3.77
Unrelated to influenza	0	0.00	19	28.37
Total	*45*	*49.40*	*55*	*50.60*

The top 45 queries were used in our final model: the next 55 queries are presented for comparison purposes. The number of queries in each topic is indicated as well as query-volume-weighted counts, reflecting the relative frequency of queries in each topic.

Figure 1. – **Sujets des termes de recherches ayant la meilleure corrélation avec l'historique du CDC**
(d'après *Nature*, 2009)

Le résultat est une régression, à partir de 45 variables dites indépendantes, donnant le taux d'Américains grippés, ci-après.

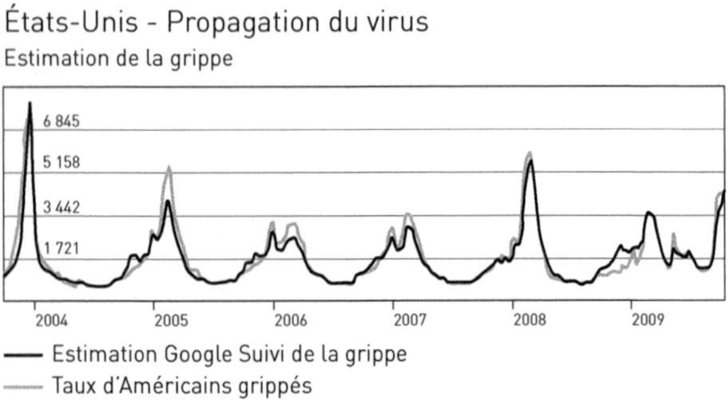

Figure 2. – **Résultats de la fonction obtenue à partir des 45 termes de recherche** (d'après Google et *Nature*).

Graphiquement, les résultats sont convaincants, même si quelques écarts sont visibles, comme en 2009, lorsque le modèle Google a sous-estimé le début de la pandémie du H1N1. Cet écart est attribué à un changement des comportements de recherche face à une pandémie exceptionnelle.

L'équipe Google/CDC ajoute que la corrélation moyenne obtenue entre le modèle et les données du CDC est de 0,97, sans toutefois donner le détail du calcul ni prendre en compte l'incertitude pesant sur des paramètres inférés.

Le coefficient de détermination R^2, mesurant la proportion des variations de la grippe « expliquées » par la fonction des 45 requêtes considérées, est donné de valeur moyenne 0,97 ; le R^2 ajusté, calculé avec des suppositions sur les données prises par Google/CDC, est 0,91. Ceci est inférieur à 0,97 mais signifie que les requêtes « expliquent » 91 % de la grippe, ce qui reste intéressant et s'applique y compris l'été, lorsque Sentinel n'opère pas. Surtout, le délai de deux semaines est gagné, comme le montre la figure ci-après.

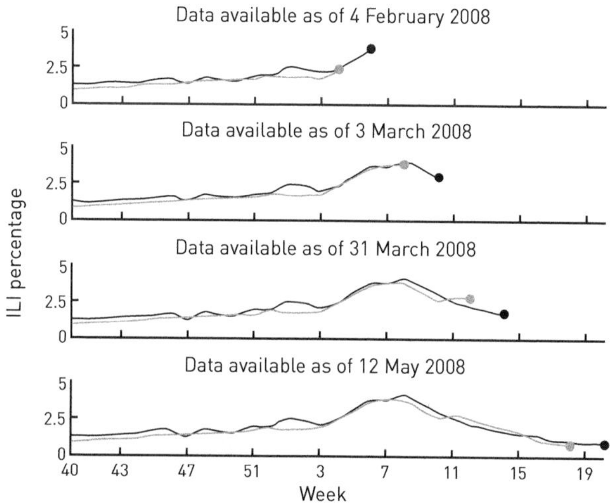

Figure 3. – **Les résultats des requêtes (noir) et des médecins (gris)**
(d'après *Nature*, 2009)

Grâce à ce modèle, il serait donc possible de détecter, en observant la fréquence d'apparition de certains termes dans les requêtes Google, le début de la phase de propagation de la grippe en temps quasi réel, et ainsi de gagner deux semaines dans l'identification d'une nouvelle souche.

En fait, ces résultats ne remplacent ni ne sont prévus pour remplacer les médecins. D'ailleurs, sans les données du CDC, il n'aurait pas été possible de « caler » les milliards de recherches et de créer le modèle avec lequel nous pouvons, en supposant que le futur est semblable au passé, prendre deux semaines d'avance sur le futur. Ce modèle a des limites :

- les recherches ne sont pas forcément effectuées par les personnes ressentant les symptômes de la grippe, ce qui renforce le fait que ce modèle n'est effectif que sur une grande population ;
- pour la même cause, la précision géographique est faible ;
- des fausses alertes, causées par exemple par un rappel de médicament antigrippal, sont possibles.

Un exemple de ces limites a pu être observé fin 2012/début 2013. L'hiver avait vu la grippe démarrer tôt à New York, en novembre, et culminer juste après Noël. Ses effets, y compris le nombre de décès, étaient également plus sérieux, le virus H3N2 étant le plus virulent des trois souches usuelles. En janvier 2013, à New York, le modèle prédit presque le double d'infections que les médecins en rapportèrent.

Google n'a pas commenté ses résultats. On peut supposer que la large couverture médiatique de la grippe, en raison de son exceptionnelle sévérité, ainsi que la déclaration d'urgence sanitaire faite à New York ont induit de nombreuses recherches de la part des particuliers.

Plusieurs points d'attention sont à avoir à l'esprit lorsque l'on utilise, pour prédiction, un modèle obtenu par inférence :

1/ apprécier l'erreur que commet le modèle en représentant le monde, cette erreur dépend de l'échantillon (taille, représentativité...) ;

2/ identifier les changements survenus depuis la création du modèle : les dizaines de changements que les programmeurs de Google apportent au moteur de recherche influent sur la manière dont il est utilisé. Ainsi, l'autocomplétion, ou saisie semi-automatique, peut concentrer les recherches sur les 45 variables indépendantes de la régression ;

3/ identifier les tentatives de manipulation du modèle (un fabricant de médicament antigrippal peut chercher à augmenter artificiellement le nombre de recherches d'un terme faisant partie du modèle, afin d'améliorer la position de certaines pages dans l'autocomplétion).

Une autre limite de ce modèle est que, contrairement aux usages de la recherche, Google Flu ne présente pas la transparence et la réplicabilité des expériences menées pour limiter les erreurs et les manipulations.

Ce manque d'ouverture (des variables, des paramètres, des probabilités marginales de rejet...) et de réplicabilité (les équipes Google ont travaillé directement sur les systèmes internes tel BigTable) a suscité, sur le même sujet et à partir des mêmes données du

CDC, un travail similaire, mais à partir de Wikipédia. Des pages ont été identifiées comme susceptibles d'être consultées en cas d'activité grippale, et leur consultation rapportée à la page d'accueil pour calcul de proportion.

Ceci n'a pas empêché qu'à début 2013 le dispositif Google d'alerte avancée sur la grippe a été adopté par 29 pays et même étendu à une autre maladie, la dengue.

Ce qui est intéressant dans l'exemple de Google Flu, et que l'on retrouve d'ailleurs dans d'autres exemples, est que les requêtes ont été entrées en vue d'obtenir un résultat, en l'occurrence une page donnant les liens vers des résultats de recherche. Le but de la saisie a donc déjà été atteint, son utilité devrait avoir disparu et ce sont pourtant ces saisies qui font l'objet d'une nouvelle utilisation.

Le génie de Google réside pour partie dans cette décision, prise sans doute en 2001 ou 2002, en tout cas avant 2003, de conserver ces données après épuisement de leur utilité, malgré le coût que cela représente. Google a fait le pari que les exaoctets de requêtes passées, agrégées et anonymisées, pourraient avoir d'autres utilités. Ces données ont été conservées dans les systèmes « en ligne », et l'exemple de la grippe montre qu'il est effectivement possible de trouver une utilité à ces traces numériques ou scories d'activité.

Ces traces sont très ténues. Les équipes Google ont agrégé les logs en 50 millions de recherches par État américain, ce qui représente 2,5 milliards de recherches couvrant les 50 États. Ce chiffre important est pourtant déjà le résultat d'une réduction, les données d'origine étaient bien plus volumineuses.

Le travail, sur Google Flu, a consisté en l'identification de 45 requêtes « utiles » sur ces 50 millions[1]. Il a donc fallu exécuter 450 millions de modèles, afin de tester la pertinence de chacune des requêtes. Il aurait été possible de réduire fortement ces calculs en faisant des hypothèses sur les requêtes pouvant être corrélées avec les données du CDC, par exemple en éliminant celles sans rapport avec la grippe, comme *oscar nomination*. Ce choix n'a pas été retenu car, pour Google, le risque était, en partant d'un modèle, d'adopter un filtrage trop « agressif » éliminant d'emblée des données finalement utiles. À l'inverse, que les requêtes de meilleur rang aient toutes un rapport « logique » avec la grippe apportait une bonne validation à leur méthode.

II. – Définir le Big Data : la matrice Volume × Densité

Comme le montre l'exemple de Google Flu, l'effet volume, le facteur *big* des données permet de découvrir des modèles dans des données à faible densité en information, au-delà de leur raison première d'existence.

En cela, le Big Data est fondamentalement différent de la fouille de données, ou *datamining*. Cette différence ne porte pas sur le volume de données. Elle est

1. Ceci représente, sur ces données déjà agrégées, une identification de signaux à l'échelle d'un millionième, 9.10^{-7} exactement. L'essence du Big Data est contenue dans cette valeur que nous rencontrerons dans d'autres calculs sur d'autres exemples.

de nature conceptuelle. Un *Datawarehouse*, dans lequel s'effectue la fouille de données, s'appuie sur un modèle. À l'inverse, le Big Data consiste à chercher des modèles dans des données à faible densité en information, à en extraire des faits nouveaux ou de nouvelles relations entre des faits.

Autrement dit, le Big Data consiste à créer *en exploratoire et par induction sur des masses de données à faible densité en information des modèles à capacité prédictive*. Les résultats de ces modèles à capacité prédictive peuvent être exploités soit de manière automatique, soit pour décision.

1. **Le raisonnement inductif.** – Depuis les philosophes grecs, en l'occurrence Platon et Aristote, nous savons que les raisonnements peuvent prendre deux formes principales : la déduction et l'induction.

Dans le raisonnement déductif, une conclusion est atteinte en appliquant des règles générales (prémisses), réduisant le domaine du discours par des étapes logiques, de la règle générale au cas particulier (conclusion) : les hommes sont mortels, Socrate est un homme, donc Socrate est mortel.

Dans le raisonnement inductif, les prémisses fournissent des arguments forts, mais pas des preuves de la conclusion. Nous passons des faits à des règles et les mathématiques permettent de mesurer l'incertitude pesant sur ces règles, dépendant notamment des faits sur lesquels ces règles sont basées. Partir d'un modèle est adopter un raisonnement déductif, partir des données est adopter un raisonnement inductif, avec une incertitude à apprécier. Ces distinctions sont importantes : dans un monde où les données sont de plus en plus nombreuses, les raisonnements inductifs prennent une place croissante.

2. **Volume et densité des données.** – Le volume permet donc de trouver une utilité inattendue à toute sorte de données, qu'elles soient structurées ou pas, grâce à un raisonnement de type inductif. Cela va de la datation de textes médiévaux par l'analyse du vocabulaire à la reconnaissance faciale par l'application d'un modèle 3D sur des photos… Pour les besoins de la démonstration, nous nous attacherons plus particulièrement aux données structurées en base de données (BdD).

Une BdD[1] est composée de tables, constituées de lignes et de colonnes dont l'intersection forme une cellule. Le volume des données correspond au nombre de cellules. La densité des données établit la proportion, au sein de ces cellules, de cellules « signifiantes », c'est-à-dire non vides ou non nulles. On peut ainsi classer les BdD en fonction de leur volume et de leur densité en information, les deux axes étant logarithmiques. L'axe vertical utilise les abréviations kilo, méga, giga… utilisées pour les octets. Une cellule peut contenir d'un octet (minimum théorique) à… beaucoup d'octets, par exemple dans les BdD multidimensionnelles.

1. Différents types de bases de données existent (graphe, colonnes, réseau…). Nous parlons ici des bases de données « Entité-Relation », au fondement de la quasi-totalité des applications informatiques d'entreprise.

Ceci définit les quatre cadrans de la figure ci-après.

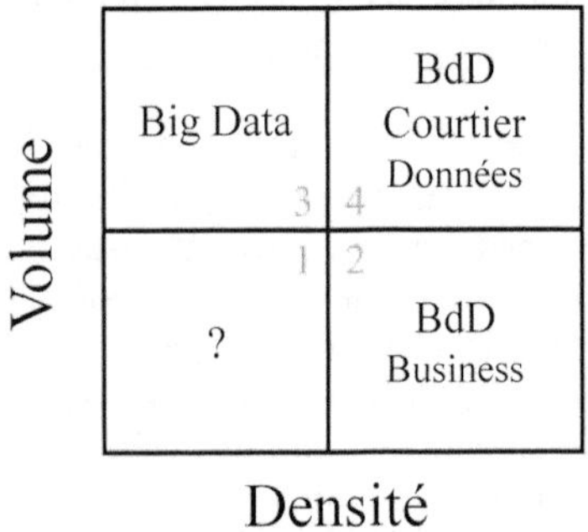

Figure 4. – **Matrice Volume × Densité, première approche**
© Pierre Delort, 2014.

Les données à forte densité en information et à faible volume (cadran 2) sont les données des systèmes d'information classiques d'entreprise. Typiquement, ces BdD représentent entre quelques mégaoctets et quelques gigaoctets. Elles contiennent entre 1 et 10 % d'informations utiles, c'est-à-dire remplies et/ou non nulles.

Le cadran 1 (?) est indéterminé. Le temps dira si des données de faible densité et de faible volume seront demain éligibles au Big Data, par exemple par accumulation.

Le cadran 3 qui présente un fort volume de données, elles-mêmes à faible densité en information, est typiquement celui du Big Data.

Notons que Google Flu conjugue des masses de données à très faible densité en information (les recherches, cadran 3) et des données à forte densité en information et à très faible volume (les quelques kilo-octets de données du CDC, cadran 2).

Le cadran 4 est celui des courtiers de données incarnés par des entreprises comme Axciom ou ChoicePoint.

Axciom possède 1 500 points (des informations comme « héritier potentiel » ou « foyer orienté diabète ») sur 500 millions de personnes (soit 7,5 milliards de données).

ChoicePoint détient 17 milliards d'enregistrements, combinant des données publiques et privées, sur des personnes ou des firmes. Cette société vend notamment aux entreprises des informations permettant le filtrage de leurs employés. Elle propose, par exemple, d'aider les casinos à détecter des relations entre joueurs et croupiers.

Ces deux compagnies, qui investissent massivement dans la connaissance des personnes, notamment pour déterminer leur solvabilité personnelle, communiquent peu sur leurs activités ou les technologies qu'elles mettent en œuvre. Mais peut-on dire que leurs données sont de type « Big Data » ? Selon nous, si le volume des données de leurs systèmes les en rapproche, la manière dont elles les construisent les en éloigne. En effet, les structures de données sont choisies par ces entreprises *a priori*, c'est-à-dire pour permettre de répondre à une demande (par exemple, quelle solvabilité ?). Autrement dit, dans ce cas et contrairement à l'exemple de Google Flu, les modèles préexistent aux données.

3. **Valeurs des modèles prédictifs.** – Dans les applications courantes, comme le marketing ciblé dans la banque, les observations sont décrites par quelques douzaines à quelques centaines de données. Celles-ci

sont denses, c'est-à-dire que la plupart des descripteurs sont non nuls. Ces données résument des comportements passés (comme les achats de la personne...). Si elles donnent des renseignements précieux sur un individu précis, l'augmentation forte du volume est de faible intérêt.

Dans les ensembles de données clairsemées qui nous intéressent, la grande majorité des valeurs pour la grande majorité des observations sont absentes ou nulles : chaque personne n'a consulté que très peu de pages Web, n'est pas allée dans la majorité des lieux... Le capital comportemental de chaque personne, son nombre d'actions possibles, est limité : nombre de films pouvant être vus, biens pouvant être achetés... Ainsi, la densité se réduit lorsque le nombre des possibilités augmente. Pour ces données clairsemées qui sont caractéristiques du Big Data, il a été empiriquement montré que le volume améliore les modèles prédictifs.

Pour ces données à faible densité en information, le nombre d'observations (les personnes) a davantage d'importance que le nombre de valeurs de comportement notées. C'est ainsi que Yahoo Movies est capable d'inférer le sexe d'une personne à partir des films qu'elle a notés, qu'un moteur de classement de sites peut prédire le caractère « malicieux » d'un site en fonction du contenu et de l'hébergement, ou encore que le site Ta-Feng parvient à déterminer votre âge en fonction de vos achats.

Il est possible de déterminer des seuils en deçà desquels les modèles prédictifs sont moins performants. Le clairsemage, de l'ordre d'un pour mille entre cadrans 1 et 2 et le nombre de cellules, de l'ordre de 10^{11} entre cadrans 1 et 3 (voir fig. 5).

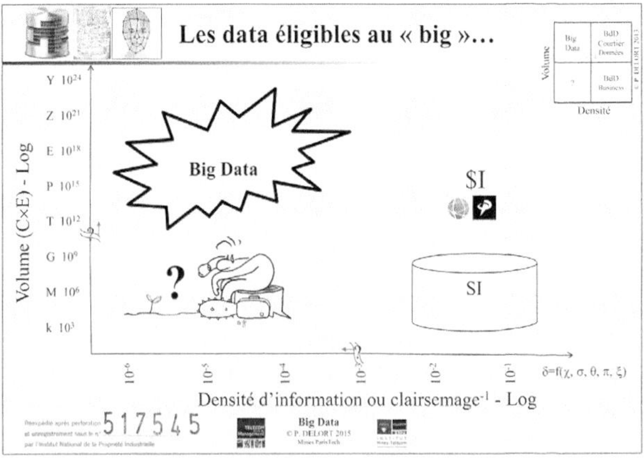

Figure 5. – **Matrice Volume × Densité.**
Quelles *data* sont éligibles au *big* ?

Ces seuils sont indicatifs. Celui du volume, mille milliards de cellules, comme celui de la densité, une cellule renseignée sur mille, semblent aujourd'hui corrects mais ils évolueront suivant les progrès. Les indices de « clairsemage » actuels varient de 99,76 % pour Yahoo Movies (inférer le sexe en fonction des films notés) à 99,996 % pour un moteur de classement prédisant le caractère « malicieux » d'un site en fonction des contenus et hébergement. Le volume de cellules est de 91 millions pour Yahoo Movies, 8.10^{12} pour le moteur de classement. Mais le fait que la taille importe montre que ces valeurs frontières se modifieront et qu'une utilité à des données davantage clairsemées dérivera de capacités croissantes des TI à stocker, transmettre et transformer.

Chapitre IV

LES TECHNOLOGIES DU BIG DATA

Les technologies qui permettent l'exploitation de ces données au volume important mais à la faible densité présentent quelques points particuliers. Ce chapitre en propose un rapide panorama. Un lecteur peu intéressé par les évolutions des composants matériels des ordinateurs peut passer directement au point II (p. 54).

I. – Structure des ordinateurs

La course des performances des composants assurant les fonctions transmettre, stocker et transformer des ordinateurs est portée par les lois de Nielsen, Kryder et Moore.

Or, les performances opérationnelles des ordinateurs dépendent également d'une bonne cohérence des performances de ces composants, par exemple entre processeur et mémoire, ce que l'on nomme le « mur de la mémoire ».

L'analyse de période 1990-2010 met en évidence les changements majeurs opérés dans ce domaine et permet d'identifier certaines tendances à surveiller.

1. **Gains en vingt ans.** – Sur la période, les gains portant sur la transformation de l'information sont les suivants :

- 0,05 MIPS/ $ à 7,5 MIPS/ $, c'est-à-dire × 143 ;
- vitesse d'horloge de 100 MHz à 2,5 GHz, c'est-à-dire × 25 ;
- nombre de cœurs *(cores)* par processeur (CPU), de 1 à 16 ;
- densité de transistors par puce passant de 1,8 million à 2,3 milliards, soit × 1 278 (la loi de Moore qui prévoit un doublement tous les 24 mois donnerait × 1 024) ;
- mémoire vive adressable par le processeur, passée de 2^{16} (architectures 16 bits) à 2^{64} (64 bits), un facteur de 2^{48} ou $2{,}8.10^{14}$.

Concernant la conservation, là encore les gains sont considérables :

- bande passante mémoire (reliant la CPU à la mémoire vive) passant de 6 Mo/s à 40 Go/s, soit × 6 667 ;
- densité de disque dur, de 100 Mbit/pouce^2 à 500 Gbit/pouce^2, soit × 5 000 ;
- taux de transfert disque, de 5 Mo/s à 130 Mo/s, soit × 25 ;
- coût de la mémoire passant de 0,02 Mo/$ à 5 Mo/$, division du coût par 250.

Concernant la transmission, les réseaux locaux d'entreprises ont multiplié leur débit par un facteur 1 000, passant (d'un maximum) de 10 Mb/s à 10 Gb/s.

Les chiffres présentés ci-avant montrent que le facteur limitant s'est déplacé : entre des disques contenant de plus en plus de données (× 5 000 au pouce²) et des processeurs de plus en plus rapides en calcul (mieux que × 1 000), ce qui devient problématique est le transfert entre le disque et le processeur. Cette limite est mécanique, elle dépend de la vitesse de déplacement de la tête de lecture et principalement de la rotation du disque. En une cinquantaine d'années, la vitesse de rotation a été multipliée par 12,5 (1 200 à 15 000 tours/minute, certes sur densité croissante de données sur le disque), tandis que les composants électroniques progressent de ce ratio tous les sept ans environ.

Depuis une quinzaine d'années, les processeurs ont d'abord fortement progressé en cadencement (cycles d'horloge) puis en multipliant les cœurs, et la mémoire vive a été distancée.

Les perspectives d'ici à 2022 sont une poursuite de la contention sur les transferts entre CPU et mémoire. En effet, le taux de transfert par « cycle.cœur » (fréquence d'horloge multipliée par le nombre de cœurs) devrait être divisé par deux tandis que le nombre de « cycle. cœur » devrait plus que centupler. Notons cependant que le changement d'architecture des processeurs, de 16 à 64 bits ouvre d'étonnantes perspectives, comme nous le verrons ci-après.

2. **Classes de stockage.** – De manière schématique, un ordinateur, pour exercer les fonctions de transformation, nécessite une CPU à laquelle est attachée de la mémoire, dite vive, contenant instructions et données durant les traitements. Le processeur dialogue constamment avec cette mémoire vive et les autres dispositifs

de stockage de données l'alimentent ou stockent, en fin de traitement, son contenu de manière pérenne.

Différents types de mémoire existent, chacune peut être caractérisée par ses performances et son coût.

Il y a tout d'abord la *mémoire vive*, reliée au processeur par un bus interne ou système. La mémoire vive utilise aujourd'hui principalement des DRAM (*dynamic random access memory*). Des mémoires caches, *antémémoire* (trois niveaux de proximité avec le processeur, L1, L2 & L3), de plus faible capacité, mais plus performantes, coûteuses et plus proches, permettent d'accélérer les accès à des données en cours de traitement, et donc les traitements. Typiquement sur un processeur multicœurs, chaque cœur possède son cache L1, chaque paire de cœurs se partage un cache de niveau L2, et un unique cache L3 est partagé entre tous les cœurs du processeur.

La *mémoire flash*[1] est de type NAND lorsqu'elle est appropriée au stockage des données. Il s'agit du type de mémoire présent sur les clés USB.

Les *disques durs* sont principalement répartis en deux variétés : SATA à faible performance, rotation de 7 000 tours/minute, et SAS à haute performance, à 15 000 tours/minute.

Enfin viennent les *bandes magnétiques*, qui sont utilisées pour la sauvegarde, en raison du bon rapport

1. Elle existe en deux technologies : NOR plus onéreuse, permettant un accès rapide mais a densité limitée (dont nous ne reparlerons pas ici) et NAND, utilisée comme mémoire. Dans la suite du texte, nous confondrons flash et flash/NAND.

qu'elles proposent entre densité d'information stockée et pérennité de conservation.

Chaque type de mémoire possède également des caractéristiques de latence (temps d'accès à la donnée) et de persistance (durée de conservation des données sans alimentation électrique). Les bandes et disques ont des persistances très longues, les mémoires flash de l'ordre de dix ans, les mémoires DRAM et cache de l'ordre de dix millisecondes.

Les mémoires flash « s'usent ». La mémoire flash peut supporter de quelques centaines de milliers à plusieurs millions de cycles d'écritures/effacements, suivant la qualité de l'oxyde utilisé pour la grille. Des mémoires ferroélectriques, en cours de développement, pourraient autoriser jusqu'à 100 millions de cycles. Des systèmes de fichiers (JFFS, JFFS2, YAFFS, UBIFS...) sont spécialement conçus pour la mémoire flash, afin d'éviter la réécriture et donc l'« usure » asymétrique et prolonger la durée de vie du composant.

Les prix ont, sur les dix dernières années, été divisés par 100 environ pour la DRAM et par 1 000 pour les mémoires flash, ceci étant l'effet de la forte augmentation de la consommation grand public (mémoire des téléphones, baladeurs...).

Dans la figure ci-après, les latences sont données en microsecondes, et la dernière colonne représente le coût à l'entrée-sortie[1]/s (I/O).

1. IO, pour input/output.

	Latence (µs)	*IO/s*	*Bande passante Mo/s*	*Coût approx. $/Go (en 2010)*	*Coût approx. $/(IO/s) (en 2010)*
Disque SATA	12 000	250	60	0,04 $	0,36 $
Disque SAS	7 000	500	90	0,32 $	0,19 $
Flash (écriture)	300	5 000	100	1,83 $	0,02 $
Flash (lecture)	45	30 000	200	1,83 $	0,003 $
DRAM	0,005	500 000	3 200	20,5 $	0,0002 $

Figure 6. – **Performances et coûts des technologies de mémoire**
(d'après Sun Microsystems)

Notons les performances, en bande passante, et surtout en I/O des mémoires flash, principalement en lecture et des DRAM relativement aux disques.

Schématiquement, les performances d'un ordinateur sont fonction :

- de la capacité de traitement de la CPU, à l'échelle de nanosecondes ;
- et principalement du temps consacré aux I/O, qui sont, au mieux, à l'échelle de microsecondes.

Augmenter la taille de la mémoire permet de réduire le nombre d'opérations I/O, soit parce qu'une part plus importante des programmes applicatifs peut résider en mémoire (réduisant ainsi la pagination)[1], soit parce qu'une partie de cette mémoire peut être utilisée comme tampon (mémoire cache) pour stocker des flux de données des opérations I/O.

Comme nous allons le voir, un second facteur limitant la taille de la mémoire vive que le processus peut gérer est en train de disparaître. Cette disparition devrait permettre la généralisation de l'architecture in-memory.

II. – Architectures Big Data

Sur les technologies que nous venons de décrire, les architectures Big Data sont de trois types. Nous allons tout d'abord examiner l'architecture in-memory, ses conditions de performance, ses avantages et inconvénients, puis comparer avec cette architecture deux alternatives, le massivement parallèle (MPP) et l'utilisation massive de mémoires flash, en éléments SSD (*solid state drive*).

1. **In-memory.** – Le changement le plus frappant dans l'architecture des processeurs ces 20 dernières années s'est produit en deux étapes : le passage d'architectures 16 bits à 32 bits, puis surtout d'architectures 32 bits aux actuelles architectures à 64 bits (soit une multiplication

1. C'est-à-dire le rechargement à partir d'une mémoire de second rang, typiquement du disque, de la mémoire vive, par incapacité de pouvoir mettre tout le programme, ou tout le fichier, en mémoire vive. La pagination est très pénalisante en performance, puisque sont ajoutés à des I/O de DRAM, de l'ordre de la microseconde, ceux des disques, de l'ordre de la milliseconde.

par 4.10^9), qui à partir de 2009 sont celles de tous les serveurs de la famille des x 86[1].

L'architecture d'un processeur correspond au nombre de registres en mémoire vive qu'il peut gérer directement. Aller au-delà de ce nombre nécessite des accès aux systèmes de stockage, aujourd'hui principalement aux disques durs. La mémoire vive contient principalement les applications en cours d'utilisation dont l'OS, les métadonnées des applications, le cache partagé, l'espace utilisateur et les données objets des traitements. Ainsi, une CPU en architecture 32 bits gère un peu plus de 4 Go de mémoire vive, ce qui suffit le plus souvent pour le fonctionnement de l'OS et des programmes, mais n'autorise à mettre en mémoire que peu de données. En architecture 64 bits, cette limite disparaît. Il est théoriquement possible de placer des exaoctets d'information en mémoire vive. C'est le « in-memory ». Théoriquement, car les facteurs limitants sont aujourd'hui encore nombreux : OS, connecteurs, bus interne, applications… et coût de la mémoire vive (20 $ par Go en 2010, ce qui donne environ 50 Md $ pour 2 Eo).

Concernant l'OS, si Hewlett Packard a sorti en 1996 la première version 64 bits d'UNIX, celle de Linux n'est parue qu'en 2000, et Windows 64 bits date de 2005. Les applications non plus ne sont pas forcément à jour : Excel est passé de 256 colonnes et 65 356 lignes, ce qui était raisonnable quand la mémoire se mesurait en Mo, à 16 384 colonnes et un million de lignes sur Excel 2007.

1. Serveur à processeur Intel ou équivalent.

Même sur les OS 64 bits, des applications, comme R (logiciel de statistiques) pour Windows, en 2009 étaient bornées à 32 bits exécutables avec une limite à 4 Go d'espace mémoire se traduisant en limite opérationnelle à 2 ou 3 Go. Enfin, sur des applications en 64 bits (par exemple R pour Linux ou Mac), d'autres limites internes à l'application peuvent perdurer, comme l'utilisation d'entier sur 32 bits, ce qui limite le nombre de lignes à $2^{32}-1$, soit environ quatre milliards de lignes.

Le principal inconvénient du « in-memory » est la réécriture *(refactoring)* d'une partie du code afin de réaliser pleinement les gains possibles. En revanche, les gains pour fouiller de grosses quantités de données sont appréciables. Ils permettent en particulier d'économiser des phases intermédiaires comme les étapes d'indexation, de préagrégation ou de précalcul. Dans l'idéal, il permet de charger toutes les données et de faire directement de l'exploratoire sur l'ensemble du *Datawarehouse*, économisant des coûts (administration, tuning des BdD…) et des délais.

2. **Massivement parallèle (MPP).** – Le second choix technologique, MapReduce, vient de Google et inverse un concept « traditionnel » – envoyer les données aux unités de traitement –, car il est conçu pour envoyer le traitement aux unités de stockage, comme nous allons le voir.

Les premières versions datent de début 2003. En août 2004, 30 000 travaux avaient été lancés, et les principes de fonctionnement publiés. MapReduce tire son avantage du faible coût des serveurs standards : huit serveurs « standards » à huit cœurs et 128 Mo de mémoire sont moins coûteux à l'achat qu'un serveur à 64 cœurs et 1 To, ce qui favorise l'informatique distribuée, répétitive quasiment à l'infini. Certes, cette distribution connaît des coûts spécifiques. Les réseaux (même à 10 Gb/s) ont des temps de latence moins bons que la mémoire, cependant ils surpassent le disque, les données ne requièrent que rarement des traitements simultanés de parties disparates, et les communications entre serveurs se produisent souvent après agrégation forte des données (total, moyenne…).

MapReduce fait partie (avec Hadoop Distributed File System, HDFS, inspiré de GFS) de la suite Hadoop, elle-même faisant partie depuis 2009 de la fondation OpenSource Apache. MapReduce a permis à Google d'indexer le Web en coordonnant jusqu'à des centaines de milliers de serveurs sur des tâches simples de comptage et d'agrégation en clé-valeur et suivant deux phases, « Map » pour la répartition du travail et « Reduce » pour l'agrégation des résultats, selon le schéma suivant :

- fragmentation du fichier de données en M fichiers (de 16 à 64 Mo) et copie du programme sur les serveurs ;
- l'un d'eux, le Master, assigne aux autres serveurs (les travailleurs), les M tâches Map d'extraction des couples clé-valeur du fichier et de transmission aux R tâches Reduce, pour traitement et stockage.

Lorsque toutes les tâches M & R ont été réalisées, MapReduce rend la main à l'application.

Si nous prenons l'exemple du comptage d'accès à des URL, Map produit <URL,1> pour chaque URL trouvé dans les logs, et Reduce réalise la somme par URL

<URL,Total>. La bande passante du réseau étant un facteur limitant, les segments de 64 Mo sont copiés sur trois serveurs et la tâche Map affectée à un des trois, voire, si cette solution est impossible à une machine servie par le même élément actif de réseau. Des fonctions spécialisées existent comme la fonction *Combiner* pour permettre un calcul partiel économisant par exemple l'envoi de beaucoup de paires <the,1> à une tâche Reduce.

En sus de cette répartition des tâches, MapReduce prend en charge les défaillances de machines : le Master interroge régulièrement (*ping*) les serveurs et, sans réponse, répartit à nouveau la tâche qui leur avait été attribuée. En fin de travail, il réaffecte les tâches des « traînards » éventuels à des travailleurs de réserve. Pour quelques pourcents de serveurs peu utilisés, cela peut parfois diminuer le délai total de près de moitié.

Le Master inclut un serveur http. Il exporte des pages de statut : avancement du calcul (tâches en progrès, nombre de mots traités…) et indication de la somme des valeurs sur les tâches Map et Reduce achevées et les affiche.

Utiliser MapReduce a apporté aux équipes Google un code plus simple, une mise en œuvre plus rapide (le changement d'un programme d'indexation est passé de quelques mois à quelques jours). Enfin, le process est aussi moins sensible aux pannes, ce qui est un avantage non négligeable lorsque des dizaines de milliers de serveurs sont mobilisés.

MapReduce est usuellement utilisé dans trois types de travaux :

– dans un *Datawarehouse* à traitement massivement parallèle, intervenant en complément à une BdD ;

– comme moteur d'ETL (*extract transfer load*) sur des quantités de données hors de portée des ETL classiques (parfois les données « brutes » sont créées plus rapidement que la capacité de l'ETL à les traiter ; par exemple créer une BdD à partir de données de Twitter ou des logs Internet pour analyse temps réel) ;

– en traitement statistique direct sur des données semi- ou non structurées.

Des logiciels facilitent l'emploi de MapReduce ; Hive a un langage semblable à SQL, Redoop adresse les requêtes récurrentes, et d'autres projets accélèrent une utilisation exploratoire par réutilisation des données entre requêtes révisées.

Autre technologie, l'architecture sans partage de Teradata[1] peut être considérée comme MPP. Chaque nœud y a ses propres composants matériels, plutôt qu'un partage de mémoire ou de disques. Avec un réseau à haute vitesse, l'extensibilité est excellente. La différence avec MapReduce est que le système est propriétaire et les données organisées en BdD. Netezza et Greenplum présentent des schémas d'organisation similaires, chacun proposant des structures d'index particulières[2].

Par rapport au « in-memory », le MPP est :

– complexe et nouveau relativement au standard SQL, même si des fonctions intègrent la parallélisation,

1. Traduction de *shared nothing*.

2. Très sommairement, si Teradata base sa distribution sur une fonction de hachage étroitement liée à un index, Netezza offre une répartition des données basée sur une clé de distribution, et Greenplum rajoute une distribution aléatoire.

la tolérance de panne, l'équilibrage de charge et la localité (réseau) ;
- extensible à tout volume de données, sur des serveurs standards (jusqu'à des centaines de milliers) ;
- lent au démarrage des travaux et véritablement adapté aux très gros volumes, sans doute supérieurs à des centaines de Go ;
- exigeant des données adaptées en clé-valeur.

Maintenant, le MPP implique en CAPEX un nombre de serveurs conséquent, des compétences à créer et peut-être surtout, en OPEX, une consommation électrique importante (qu'une version de MapReduce, Berkeley Energy Efficient MapReduce vise à réduire). Or, l'électricité est l'un des premiers coûts en informatique, environ le tiers du coût d'achat des serveurs par an.

Peut-être que le MPP, face à l'afflux des données de l'Internet des objets, complétera le « in-memory », dans un futur à moindre coût de la DRAM ou PRAM, au coût de l'électricité près.

3. **Les SSD.** – Les SSD sont des unités de stockage uniquement constituées de mémoire flash. Relativement au « in-memory », les unités de SSD sont :

- plus lentes. Peut-être une latence entre le registre CPU et la mémoire de l'ordre d'un millier de fois celle de la DRAM (mais 500 fois plus rapides que le disque en SAS) ;
- non volatiles. Dix ans contre dix millisecondes en DRAM ;
- aisées à mettre en place. Elles s'utilisent exactement comme des disques, aucune réécriture de code n'est nécessaire ;

- économiques. Elles coûtent environ dix fois moins cher que les unités DRAM, mais dix fois plus que les disques haute performance ;
- fiables. Elles incluent des mécanismes de correction d'erreurs et de redondances moins présents en DRAM ;
- totalement extensibles. Elles ne présentent pas les limites actuelles des connecteurs que connaît la DRAM.

Les unités SSD ont une consommation électrique de cinq à dix fois inférieure aux disques mécaniques. À l'instar du in-memory, mais dans des proportions moindres, leur faible latence peut rendre obsolètes des travaux intermédiaires (et donc du stockage). La CPU passe ainsi moins de temps à « attendre les données », ce qui peut entraîner un moindre besoin de CPU (ou de cœurs) et dès lors une économie lorsque les licences des BdD sont facturées suivant cette métrique.

Le traitement massif de données peut donc prendre plusieurs voies, chacune avec ses avantages et ses inconvénients, et trois technologies vont sans doute s'installer. Les SSD, pour l'immédiateté, l'extensibilité et les performances, y compris énergétiques. Le « in-memory » pour les performances, avec CAPEX en *refactoring* et un arbitrage nécessaire sur la quantité de données par rapport aux coûts. Le MPP pour l'extensibilité abordable, mais nécessitant CAPEX en réécriture, OPEX en énergie et le développement de compétences nouvelles.

Des combinaisons entre ces trois technologies sont possibles, mais leur intérêt est toujours à évaluer : utiliser des unités SSD comme caches à des unités de disque est, à (sur)coût égal, moins efficace que de rajouter de la DRAM. Il en est de même de la sauvegarde des données de DRAM sur des unités SSD, relativement à des disques. Le *framework* Spark, basé sur le travail en mémoire de grappes de serveurs utilisant HDFS, prend ses distances avec MapReduce et commence à en fournir une alternative permettant le traitement en temps réel extensible (en 2014, quelques milliers de nœuds).

MapReduce connaît un effet de mode. Quelques travaux d'analyse des données se mesurent en exa-, peta-, ou multi-téraoctets. La majorité en est loin, et l'arbitrage entre un serveur riche en mémoire vive et de nombreux serveurs standards repose sur quatre points, à considérer :

- le prix de la DRAM ;
- la taille des données à traiter ;
- la complexité de mise en œuvre ;
- les performances souhaitées.

En comparaison normalisée, une amélioration nette des performances d'une grappe de 20 serveurs standards relativement à un serveur riche en mémoire vive n'apparaît qu'au-delà de plusieurs dizaines de Go.

III. – Logiciels

Depuis le milieu des années 2000, les acteurs majeurs du logiciel, l'autre composant des TI, investissent massivement dans des outils de traitement des données, en premier lieu les BdD.

1. **Logiciels de BdD.** – Les BdD classiques, transactionnelles ou colonnes, s'utilisent avec SQL, mais de nouvelles BdD apparaissent depuis une dizaine d'années.

Les BdD relationnelles[1] se caractérisent par :

- des données stockées par tables composées de colonnes et lignes ;
- des lignes identifiées uniquement par une clé primaire, des index en accélèrent l'accès ;
- une vue de table virtuelle possible ;
- des clés primaires et étrangères pour définir des relations entre deux tables (identité entre colonnes) ;
- une utilisation multiutilisateurs concurrents.

La qualité des données est améliorée par des contraintes sur les colonnes (valeur nulle interdite…)[2], sur les lignes (pas de ligne dupliquée…), d'intégrité référentielle (chaque clé étrangère doit avoir une clé primaire…) et des transactions ACID, c'est-à-dire atomique (exécutée en totalité ou pas du tout), cohérente (la base revient à un état cohérent), isolée (chacune est isolée des autres), durable (les logs d'exécution sont conservés).

Les BdD transactionnelles outillent des applications s'inscrivant dans des process, avec un accès aux objets de gestion (les lignes : personnes) décrits par des attributs (les colonnes : nom, adresse…). Les attributs d'une entité seront, sur le disque, contigus car manipulés

1. *Relational data base management system*. Nous utiliserons à la place le terme base de données.

2. Par exemple NOT NULL (valeur nulle interdite), DEFAULT (une valeur par défaut est fournie), INDEX (la colonne est un index)…

ensemble et le besoin de prévisibilité des requêtes (nombreux utilisateurs concurrents) élevé. Une BdD colonne placera de manière contiguë les données d'une colonne pour les balayer rapidement, en exploratoire et fouille de données, dès lors avec un moindre besoin de prévisibilité.

Les BdD colonnes ont les avantages suivants relativement aux BdD transactionnelles :

– compression des données plus efficace (le champ clé ordonnant les données étant supercompressible), car les données sont plus homogènes par colonne que par ligne, d'où la moindre taille mémoire nécessaire, dès lors meilleure latence, taux de transfert[1]... ;
– meilleure utilisation de bande passante et cache, car le volume de données est plus important à lire en colonne qu'en ligne ;
– meilleure utilisation des fonctions « pipeline[2] » des CPU.

Compte tenu de la baisse du coût des DRAM et de la généralisation des architectures 64 bits, de plus en plus de BdD peuvent être entièrement placées en mémoire. Les BdD colonnes y sont particulièrement performantes, les BdD transactionnelles ayant des performances

1. Ainsi, une BdD prenant 450 Go sur SQL Serveur n'en prend que 10 Go sur Info Bright (BdD colonnes en libre de droits, à compression massive et sans index), les durées des requêtes étant divisées d'un facteur 50.

2. C'est-à-dire de la séparation, dans une CPU, des étapes de décodage des instructions, d'arithmétique et d'enregistrement de récupération, dans laquelle chaque étape traite une instruction à la fois.

équivalentes qu'elles soient en mémoire ou que le volume équivalent de DRAM serve comme cache.

Le terme *Not only SQL* (NoSQL), peu défini car certains y placent les BdD colonnes, regroupe les BdD organisées de manière structurée, mais autrement que par des tables entretenant des relations entre elles. Elles sacrifient certaines fonctionnalités des BdD classiques (cohérence interne des données…) au profit de performances sur forts volumes.

Une taxonomie très provisoire pourrait être ; BdD orientées colonnes (HBase, inspirée de BigTable ou Cassandra), orientées document (MongoDB ou CouchDB), orientées <clef-valeur> (DynaDB ou Voldemort), graphe (GraphBase ou FlockDB), objet, grille de calcul et *cloud*, XML (EMC Documentum), multidimensionnelles (Hypertable), multivaluées…

Les technologies des BdD évoluent continûment, en mode *open source* ou chez les grands acteurs de l'informatique, comme le montre Spanner.

Spanner est une BdD créée par Google, utilisant un langage SQL, extensible et distribuable globalement… à l'échelle de la planète. Spanner éclate automatiquement les données en des *datacenters* pour des raisons de disponibilité, de localité (latence), d'équilibre de charge ou de continuité de service et est conçu pour des millions de machines, des centaines de *datacenters* et des trillons d'enregistrements.

Spanner marque un progrès relativement aux BdD Google précédentes, BigTable et Megastore. BigTable, qui travaille en <clef-valeur>, peut être difficile à utiliser pour certaines applications ayant des modèles complexes ou évoluant, ou nécessitant une cohérence forte et des réplications sur de larges distances. Megastore (BdD semi-relationnelle avec réplication synchrone qui connaît des centaines d'utilisations, dont Gmail) a un modèle de données plus simple à utiliser que BigTable et autorise les réplications synchrones entre *datacenters*, mais le modèle de données n'est pas purement relationnel, et Megastore connaît également des limites d'utilisation.

Les données de Spanner sont « versionnées », c'est-à-dire que chaque version est conservée et datée, ce qui fait qu'elle peut toujours être lue à moins que des règles d'effacement n'aient été explicitement écrites. Les références temporelles sont données par des horloges atomiques et des sources GPS. Cette prise en compte du temps permet qu'une lecture à *t* voie l'effet de toutes les transactions ayant été exécutées à *t*. Alors que BigTable n'est atomique qu'à l'intérieur du *datacenter*, Spanner l'est sur tous les *datacenters*, à l'échelle de la planète donc, et les réplications le sont sur des points techniques (latence, résilience) ou légaux (protection des données).

F1, l'application gérant la publicité sur Google, est passée sous Spanner, avec pour avantage la fin des éclatements manuels, une synchronisation et une reprise automatique en cas de défaillance et de bons résultats en latence avec deux répliques sur la côte ouest et trois sur la côte est.

Ainsi, Spanner conjugue les intérêts d'une BdD extensible (éclatement automatique, tolérance de panne, réplication constante, cohérence externe et distribution à longue distance) tout en étant aisée à utiliser, car semi-relationnelle sous SQL.

2. **Acteurs et positions.** – Comme sur tout marché naissant, les catégories se créent et évoluent, les termes suivent des effets de mode et la clarification prend du temps. Après une période de défrichement (2001-2010), nous observons, depuis 2011, la montée en puissance de l'industrie du logiciel dans le domaine du Big Data[1].

Les technologies autorisant le Big Data sont nées de la rencontre de besoins nouveaux, de masses de données à exploiter et des capacités d'innovation des premières sociétés Internet ; Google, Amazon, Facebook… Ces sociétés disposaient de données abondantes, générées gratuitement par leurs utilisateurs et clients, et centrales à leur activité. Ces données concernaient souvent la vente, mais également caractérisaient leurs clients ou utilisateurs.

Elles connaissaient également une culture d'innovation, car souvent nées autour – voire dans – des universités de recherche américaines et se lançant parfois grâce à des technologies qui en étaient issues. C'est sans doute pourquoi elles reprirent de nombreux points de management spécifiques aux systèmes éducatifs comme le partage de ressources communes par des acteurs autonomes ou un taux d'encadrement très faible. Ainsi, dans l'équipe Chrome Mobile, un manager encadre 40 personnes qui sont réparties entre Paris, l'Angleterre et l'Inde.

Ces points, parmi d'autres, permirent à la culture de l'innovation de perdurer : description des logiciels dans

1. Cette partie du texte doit beaucoup à J.-F. Marcotorchino, directeur scientifique GBU SIX, Thales, et à nos échanges en commission Big Data du CGArm depuis 2013.

des articles, dont forme et fond s'inspirent de la recherche académique, don à la communauté Open Source de logiciels, telle la BdD Cassandra que Facebook donna à la fondation Apache en 2008...

Durant la décennie 2001-2010, à l'exception d'Oracle avec Exadata en 2009, les acteurs majeurs de l'industrie du logiciel (IBM, Microsoft...) étaient absents du domaine du Big Data. Leur marché traditionnel des BdD transactionnelles connaissait toujours une croissance à deux chiffres (ceci changea après 2009 et la crise économique), et l'intérêt de leur base de clientèle ne dépassait pas, pour la Big Data, la curiosité polie.

Les raisons pour lesquelles ces acteurs historiques ont entamé une vague de communication et d'acquisition (estimée à 25 Md $, dont 15 pour IBM, Microsoft, Oracle et SAP) au tournant de la décennie ne sont pas encore très claires, en dehors de l'attrait pour la croissance de 10 % par an (double du reste) du marché des logiciels spécialisés en analyse de données. Ainsi, SAP acheta Business Objects en 2007 puis Sybase mi-2010, KXEN en 2013. Microsoft acquit Fast Track en 2008, IBM Netezza et EMC Greenplum en 2010, Teradata Aster Data Systems en 2011, Oracle Endeca Technologies en 2011...

Ces firmes, excellentes en marketing, préférèrent communiquer par slogan plutôt que rationnellement sur le Big Data, nourrissant le battage médiatique tout en gardant ouvertes différentes voies d'exploitation de celui-ci.

Elles ajoutèrent à leur offre historique, installée et rémunératrice, des composants acquis ou venant de l'Open Source. Ainsi, Oracle annonça en 2011 sa base NoSQL basée sur BerkeleyDB ainsi que Big Data Appliance, qui mélange des éléments de MapReduce et d'Oracle pour permettre le chargement et le traitement dans une BdD Oracle ou Exadata. IBM, avec plus de 23 acquisitions dans l'analytique en quatre ans, poursuit la création de produits finissant en « sphère », en intégrant également des produits Open Source. Quant à Microsoft, la société a annoncé en 2011 le projet Daytona incluant un outil in-memory avec compression par colonne, qui devrait être intégrée à la suite bureautique Excel.

N'ayant pas, à l'inverse d'Oracle, à rentabiliser des investissements importants en BdD SQL ; SAP, leader mondial des Progiciels de Gestion Intégrée (PGI), était absent du stockage et management des données, car vendant essentiellement à ses clients des process. Il a pourtant annoncé fin 2010 le développement de HANA[1], une appliance analytique de BdD in-memory orientée colonne et massivement parallèle dans un système unifié, sur laquelle SAP fonde sa vision du futur de l'informatique.

Se dessine dans l'industrie du logiciel une double évolution. Tout d'abord une amélioration de l'offre matérielle, les firmes possédant une forte et ancienne expertise du matériel, le stockage pour EMC ou des machines d'analyse de BdD massives, comme Teradata, capitalisent sur leur expertise et étendent leur offre sur les technologies acquises, comme nCluster acheté avec Aster Data. Les constructeurs moins focalisés sur le matériel créent des appliances : HP suite à l'achat de

1. High-Performance Analytic Appliance.

Vertica, une BdD colonne, IBM avec sa BdB DB2 dans Smart Analytics System et Oracle poursuit ses investissements sur Exadata.

On observe aussi l'enrichissement de l'offre logicielle existante par des extensions « Big Data ». Les investissements de Microsoft, Oracle et IBM au cours de la vague de rénovation IT initiée en 2005 se chiffrent en milliards de dollars de R&D, marketing, acquisitions… qui sont à rentabiliser.

L'enjeu est double, continuer à vendre et faire évoluer la base installée de leurs produits et progresser sur le segment en croissance du Big Data, quelle que soit la signification qu'ils lui donnent.

Microsoft propose une offre *enterprise ready big data* afin d'accéder et d'utiliser de concert les données dans MapReduce et en BdD, et une intégration avec la suite bureautique Microsoft.

Oracle continue à investir dans BerkeleyDB, mais ne semble pas promouvoir fortement TimesTen, sa BdD in-memory datant de 2006. Il a annoncé le support de R, outil statistique OpenSource.

SAP poursuit ses investissements sur HANA. Mi-2014, SAP déclarait avoir chargé en quatre jours une BdD de 12 Po, comportant plus de 200 10^{12} enregistrements de transaction, plus de 10^{14} documents, mails, SMS ou images… En fait, SAP opère un pari sur l'ensemble de son progiciel de gestion intégré (PGI).

Hasso Plattner, cofondateur de SAP et président de son conseil de surveillance depuis 2003 est un partisan des BdD colonne in-memory. Il a une grande part dans le choix fait par SAP depuis 2010 sans doute. SAP a créé mi-2011 la structure D&T (Database & Technology), afin d'utiliser HANA pour tout le PGI avec peut-être le séquençage suivant[1] :

- utilisation de HANA comme accélérateur du module BW (*Datawarehouse*) puis portage sur HANA ;
- synergie progressive entre HANA et les modules du PGI : des données sont extraites en quasi-temps réel pour analyse et décision sur HANA, puis réinjectées dans les modules pour améliorer les opérations ;
- modification progressive de certains modules (APO – Supply Chain Management) pour amélioration avec HANA ;
- création de nouveaux modules (analyse des compteurs communicants…) directement sur HANA.

L'objectif de SAP est de réécrire progressivement (*refactoring* par module et par couche applicative) le PGI pour le porter entièrement en mémoire. Ainsi, en 2013, le module de CRM réécrit était-il en utilisation et test auprès des commerciaux de SAP[2].

Peut-être le pari de SAP de portage du PGI en mémoire a-t-il été fait en partie dans la perspective d'une nouvelle classe de mémoires sous technologie PCM (Phased Changed Memory) ou PRAM. Celles-ci utilisent les capacités du verre chalcogenide[3] de changer très rapidement d'un état cristallin (ordonné) à un état amorphe (désordonné), états de résistances électriques

1. Conversation avec Pascal Clément, VP EMEA, Head of EIM & TECHNOLOGY sales, SAP, en juillet 2012.

2. Conversation avec Didier Mamma, VP on Demand Line of Business, EMEA, SAP, 2013.

3. Matériau utilisé dans les CD et les DVD pour les propriétés optiques des deux états.

différentes. Les PCM sont environ cent fois plus rapides que le flash[1], bien plus durables (plus de 10^8 cycles d'écritures) et, avec plusieurs bits possibles par cellule ; elles ont aussi un meilleur potentiel de stockage par unité de volume.

Les PCM, peut-être disponibles à partir de 2018-2020, permettraient d'envisager une nouvelle architecture d'ordinateur. Leur rapidité (celle des DRAM) et leur persistance (meilleure que les flash) en feraient un support de choix pour les mémoires vives des ordinateurs et permettraient d'éliminer, sauf peut-être pour des sauvegardes, les mémoires lentes et très pénalisantes en entrées/sorties comme les disques, voire les flash des SSD.

Le Big Data est dépendant des technologies qui permettent de « fouiller » dans des données de grand volume. Sans doute in-memory, MPP et dans une moindre mesure, mais plus aisément, les SSD participeront à l'essor du Big Data. Les investissements, rachats et prises de position des industriels des TI se poursuivent, en attente de davantage de données et d'entreprises désireuses et peut-être surtout aptes à utiliser ces données, autour des modèles et des décisions assises sur ces modèles que le Big Data nous permet de créer, par induction.

1. Un temps de commutation d'environ 100 ns (2 ns pour les mémoires DRAM, 0,1 ms pour les mémoires flash) et 5 ns serait en vue.

Chapitre V

LES DÉCISIONS DANS LA FIRME

La « culture données » en entreprises, définie largement comme l'intégration des données dans les décisions et la tolérance aux argumentations fondées sur des données, repose sur une culture quantitative qui n'est pas si répandue. Cela nécessite des investissements en formation au moins autant qu'en technologies, ainsi que de lever les réticences concernant le partage des données. Cela demande aussi d'accepter de déléguer les décisions à ceux qui maîtrisent les approches quantitatives quand de nombreux dirigeants préfèrent se référer à leur propre expertise.

Ce livre ne traite pas de statistiques, cependant les statistiques inductives sont au cœur du Big Data. Leur vocabulaire est très spécifique et constitue souvent un frein à la compréhension des concepts. Nous prendrons parfois des raccourcis avec les mathématiques afin de définir une zone commune d'échanges entre manageurs et statisticiens, leur incompréhension mutuelle constituant une des plus formidables barrières à l'utilisation du Big Data[1].

1. « Les décideurs ont peut-être davantage à faire confiance aux mathématiciens plutôt qu'à les comprendre, et pour ce faire la fréquence des rapports est cruciale », conversation avec Cédric Villani, directeur de l'institut Henri-Poincaré, 2015.

I. – Quels outils de modélisation inductive ?

Les *statistiques descriptives*, celles des tableurs, condensent les données sous forme compacte. Elles sont traditionnellement appliquées aux résultats d'expériences et permettent des intuitions sur les causes des phénomènes objets de l'expérience. La théorie sur les causalités en jeu est absente ou peu formelle.

Les *statistiques inférentielles, ou inductives*, cherchent, elles, à tirer des conclusions de données sujettes à variations statistiques, comme des échantillons et à exprimer directement les propriétés de la population, dont l'erreur est cadrée avec des fonctions de probabilités : avoisiner une valeur dans un intervalle dit de confiance, rejeter une hypothèse avec une probabilité d'erreur, ou créer un modèle statistique à partir de données, ce qui rejoint notre définition du Big Data.

Ces modèles statistiques sont utilisés soit pour expliquer (supposant aussi prédire) ou pour prédire (avec faible capacité à expliquer). L'amalgame entre les deux est fréquent, mais les process, publics et ambitions qui y sont attachés sont différents : science de base, dédiée à connaissance (décrire le monde) et compréhension (expliquer des phénomènes) et science appliquée dédiée aux lois entre des ensembles de variables, permettant d'inférer les valeurs inconnues de variables à partir de valeurs connues d'autres variables. Schématiquement, l'académique cherche des explications et l'entreprise des prédictions.

En économie, psychologie, environnement… les modèles statistiques sont utilisés principalement pour expliquer, avec supposition qu'un modèle expliquant bien prédit bien. En revanche, en bio-informatique, les modèles sont orientés vers la prévision et moins l'explication. En météorologie, les deux approches se complètent dans les Model-Output Statistics (MOS), la régression de variables dépendantes (souvent des caractéristiques météorologiques « niveau du sol » comme la température, la visibilité, la force ou la direction du vent) sur des variables indépendantes issues d'un modèle de prévision numérique du temps (PNT) ou d'observations récentes, toujours « niveau du sol ».

La principale application est de rendre les données à large maille (plusieurs kilomètres) des PNT ne tenant pas compte de singularité comme les villes (discontinuité sur plusieurs facteurs) intelligibles et utiles à « monsieur tout le monde ». Une autre est, à partir de prévisions de modèles explicatifs robustes comme celui d'ENSO *(El Niño)* dans l'océan Pacifique, de prévoir, par induction de constats du passé, les effets de sa contrepartie *La Niña* sur les températures européennes, soit – 0,2 °C[1].

Les MOS permettent donc d'inférer sur des données, certaines issues de modèles explicatifs. Ils corrigent les biais des PNT mais freinent leurs progrès, chaque changement demandant environ deux ans d'observations pour capturer les erreurs caractéristiques du modèle sous une large gamme de prévisions.

Dans le cas d'une amélioration majeure, ancienne et nouvelle version du PNT tournent des années en parallèle.

1. Conversation avec Michel Déqué, directeur de recherche au CNRS, 2014.

Et enfin, en épidémiologie (voir aussi p. 29), explication et prévision sont souvent mêlées. La grippe *cause* la recherche des 45 termes qui sont les variables de la régression *prédisant* le niveau de grippe à constater par les médecins deux semaines plus tard.

1. **Économétrie.** – L'économétrie est l'un des outils les plus utilisés pour créer des modèles, ou régressions, à partir de données sujettes à variation statistique, typiquement un échantillon. Les régressions calculent une variable dépendante Y à partir de variables indépendantes ou régresseurs X, plus des termes d'erreur u représentant les facteurs d'explication de Y non contenus dans le modèle.

Ils montrent bien le caractère inductif de l'économétrie créant à partir de données des modèles dont quantités existent : linéaire ($Y_i = b_0 + X_i \beta_1 + u_i$), logarithmique-linéaire, polynomial, logit…

Le coefficient de détermination (R^2), éventuellement ajusté ($\overline{R}^2$) en fonction du nombre d'observations et de régresseurs, représente la proportion de variation des variables dépendantes qui est expliquée par les régresseurs (et le modèle).

Des R^2 et $\overline{R}^2$ proches de 1 signifient que les régresseurs sont de bons prédicteurs de la variable dépendante, mais pas qu'ils la causent (corrélation n'est pas raison), ni une absence de biais d'omission (un régresseur est corrélé avec une variable omise et déterminant de la variable dépendante), ni que l'ensemble des régresseurs est le meilleur ; cela dépend de contraintes entre biais d'omission, disponibilité et qualité des données, théories économiques et surtout des questions en jeu. Une hausse des R^2 et $\bar{R}^2$ ne signifie pas nécessairement que la variable additionnelle soit statistiquement significative. Il vaut mieux utiliser un test d'hypothèse sur la nullité du coefficient.

L'économétrie s'appuie sur des logiciels qui calculent les régressions, les incertitudes sur les paramètres β_i, le R^2...

2. **Machine Learning.** – Le Machine Learning (ML) consiste à obtenir des modèles exécutables par les TI à partir de données. Il les utilise en induction pour obtenir un programme à objectif de prévision. La différence déduction/induction intervenant entre Informatique et ML (supervisé ou étiqueté).

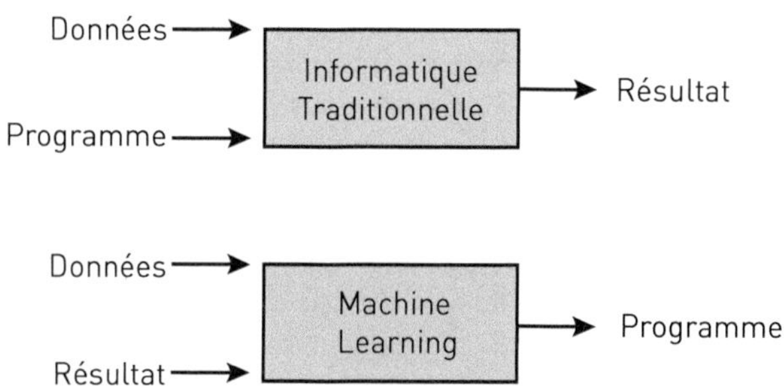

Figure 7. – **Différence schématique entre informatique traditionnelle et Machine Learning**
(P. Delort, 2011)

Le ML prend trois formes principales :

- *supervisé*. En face de données sont fournis les résultats souhaités. Le but est de trouver le modèle généralisant la relation entre données et résultat ;
- *non supervisé*. Le système cherche des signaux dans les données, ce qui peut être une fin en soi ou une préparation à un apprentissage surpervisé en proposant les étiquettes de la supervision ;
- *renforcé*. Le système interagit avec un environnement changeant sans superviseur signalant si le but est proche.

Sont distinguées les données « grandes », comportant beaucoup d'observations relativement aux prédicteurs (ou caractéristiques) et, à l'inverse, « épaisses ». Le ML fournit des outils pour sélectionner les prédicteurs pertinents. Ses modèles de relation sont plus complexes et flexibles que les régressions. Les noms et les techniques les accompagnant sont très spécifiques et imagés : arbres de décision (classification multivariée et supervisée, chaque feuille contenant une valeur de la variable cible), forêts aléatoires, séparation à vaste marge, apprentissage profond, réseaux de neurones…

Ainsi, un arbre, souvent binaire, de classement fonctionne en présence de non-linéarités et d'interactions : le bon prédicteur de survie sur le *Titanic* n'est pas l'âge du passager, mais le fait d'avoir moins de 8,5 ans (favorable à la survie) ou plus de 8,5 ans (moins favorable). L'évaluation du modèle prédisant Y en fonction des X se fait sur un ensemble de données différent de celui sur lequel ce modèle a été créé afin d'éviter le surajustement (trouver des relations ne se généralisent pas à la population). Cet ensemble est déterminé par les outils de ML, aidant à répartir les données de l'échantillon, en ensembles :

- d'entraînement sur lequel s'évalue le type de modèle ;
- de test sur lequel se crée le modèle, usuellement 10-50 % de l'échantillon ;
- de validation, sur lequel s'évaluent les performances du modèle.

4. **Modélisation explicative et prédictive.** – Dans de nombreux champs, particulièrement en économie, les modèles statistiques, souvent des régressions, sont appliqués aux données pour tester des théories de causalité. Des facteurs sous-jacents, mesurés par des variables indépendantes ou explicatives X, sont supposés causer un effet sous-jacent, mesuré par la variable dépendante ou expliquée Y. La théorie fournit la causalité et l'application des modèles statistiques aux données teste les hypothèses de causalité de la théorie.

La modélisation prédictive est définie comme l'application d'un modèle statistique, souvent une régression, à des données afin de prévoir, à partir des nouvelles valeurs de variables indépendantes X provenant de nouvelles observations, les valeurs de variables dépendantes Y. Ainsi, dans les séries temporelles des observations jusqu'au temps t servent à prévoir des valeurs futures.

Au contraire de la modélisation explicative, la modélisation prédictive est très peu présente dans le champ scientifique comme outil de développement de théorie, et ce probablement par manque de compétence statistique chez les chercheurs non statisticiens et le fait que la prédiction est considérée comme non scientifique. À l'inverse, pour des statisticiens d'entreprise, comme William Deming, pionniers de la maîtrise de la qualité « la seule fonction utile d'un statisticien est de faire des prédictions et ainsi de fournir une base à l'action[1] ».

Pourtant, la modélisation prédictive ainsi que le test prédictif sont utiles à la science : les ensembles de données nouvelles et massives peuvent contenir des relations complexes, difficiles à théoriser, le prédictif peut révéler de nouvelles causalités et susciter des hypothèses. De même, tester la capacité prédictive de modèles permet de jauger la compréhension du phénomène (ou de départager des modèles explicatifs concurrents) ; une faible capacité prédictive incite à développer de nouveaux protocoles de mesures, de nouveaux corpus de données et de nouvelles approches empiriques. À l'inverse, si le modèle explicatif donne des résultats proches du modèle prédictif, la compréhension du phénomène ne pourra que marginalement s'améliorer.

La capacité prédictive d'un modèle explicatif apparaît ainsi comme un avantage scientifique certain. Un modèle explicatif dépourvu de capacité prédictive peut avoir une utilité scientifique. Ceux ne pouvant être testés, comme le darwinisme, constituent des avancées scientifiques indéniables. Inversement, des modèles prédictifs connus pour être basés sur des hypothèses fausses sont utilisables tant qu'ils prédisent correctement l'avenir.

1. W. A. Wallis, « The Statistical Research Group, 1942-1945 », *J. Amer. Statist. Assoc.*, 1980, vol. 75, p. 320-330.

II. – Corrélation et déraison

Nous avons examiné les principaux outils de modélisation inductive : les régressions, puis, adaptés aux masses de données et aux puissances de traitement maintenant disponibles, ceux du ML. Ces modèles fournissent des explications et des prévisions, mais avant tout des *relations* entre phénomènes, ceux mesurés par les variables explicatives et la variable expliquée.

Ces relations entre phénomènes qui peuvent être binaires (relation entre voir un éclair et entendre le tonnerre) ou quantifiées (relation entre l'indice des prix des apéritifs en France et le nombre de recherches Google aux États-Unis sur une méthode de musculation) sont une première exploration de causalités possibles entre ces phénomènes.

Cette « force » de la relation entre plusieurs phénomènes, ou corrélations, se mesure par un coefficient de corrélation, généralement noté ρ. Il en existe plusieurs. Le plus ancien et connu a été formalisé par Karl Pearson, statisticien britannique. Le coefficient de corrélation de Pearson se calcule comme la covariance des deux variables, divisée par le produit de leurs écarts-types, où $\rho_{X,Y} = cov(X,Y)/(s_X \times s_Y)$ à valeur entre – 1 et + 1. Les variables sont symétriques ($\rho_{X,Y} = \rho_{Y,X}$). L'indépendance (la valeur de l'une n'affecte pas la probabilité de valeur de l'autre) donne $\rho = 0$, la dépendance (la valeur de l'une détermine la valeur de l'autre) donne $\rho = -1$ ou $+1$, le signe indiquant le sens de variation. Le coefficient de corrélation de Pearson ne s'applique correctement (mais un changement de variable est possible) qu'à des variables en relation linéaire. Ainsi, en fonction quadratique $Y = X^2$, $\rho_{X,X}{}^2 = 0$ alors que *Y* est parfaitement déterminé par *X*.

La corrélation de Spearman s'utilise comme celle de Pearson, mais ne nécessite pas de relation linéaire. Elle mesure de quelle manière l'accroissement d'une variable influe sur l'accroissement de l'autre variable. Elle se définit comme le coefficient de corrélation de Pearson entre variables rangées et se calcule comme $\rho = 1-(6\Sigma d_i^2)/(n[n^2-1])$, avec *n* taille de l'échantillon et d_i différence entre les rangs de X_i dans la distribution *X* et de Y_i dans la distribution *Y*. Le τ de Kendall est basé sur le même principe de rangement. D'autres existent telle la covariance brownienne, la corrélation polychorique…

En l'absence de modèle, le coefficient de corrélation, moyen synthétique d'apprécier la relation entre variables ou phénomènes, a une portée limitée. Souvent, une visualisation complète la compréhension de cette relation (singularités, relations non linéaires…) ou de cette absence de relation.

En présence d'un modèle, le R^2 est un outil plus efficient, avec cependant des limites comme le surajustement : ainsi, dans un échantillon, la production de beurre au Bangladesh explique 75 % des variations de l'indice boursier S&P 500 entre 1981 et 1993. Généraliser cette relation est… hasardeux.

Afin de cerner la notion de corrélation, prenons deux exemples de variables en séries temporelles sur le site de l'Insee, et utilisons Google Correlate[1] pour trouver d'autres séries ayant un coefficient de corrélation de Pearson très voisin.

1. http://www.google.com/trends/correlate/

L'Insee donne sur son site un certain nombre d'indicateurs sous forme de série temporelle mensuelle (plus de 170 000 séries et indices), décrivant l'état et l'évolution de la France d'un point de vue démographie, économie, sociétal, etc. La première série est celle des mariages en France, de 1994 à 2012.

Dans Google, la meilleure série temporelle en France, par coefficient de détermination, est « citation de mariage » avec un coefficient de 0,948, suivie de « félicitations de mariage » avec 0,9423, puis « carte félicitations de mariage », « carte de mariage », « félicitations »... En fait les dix premières séries concernent toutes le mariage, et dans les 20 premières, « fleur de courgette », 0,9193 en douzième position et « sangria », 0,8998 au dix-neuvième rang sont les seuls sans rapport évident avec le mariage.

Le rapport de causalité (l'événement « mariage » suscitant les recherches sur les félicitations, les cartes...) semble patent pour 18 séries sur 20, les deux séries non directement en rapport avec le mariage (à moins d'imaginer des banquets incluant au menu des fleurs de courgette et de la sangria) le sont sur une cause commune : les mois d'occurrence. Les mariages français se déroulent plutôt en juin et juillet, qui est la bonne époque pour retrouver ces deux recettes d'été.

Comparer la série temporelle des mariages français avec les recherches Google aux États-Unis donne en première position *chiggers* (aoûtat, larve d'un acarien actif principalement en été), 0,9685, puis *insect bite* (piqûre d'insecte), 0,9670, *chigger* (cette fois-ci, au singulier), 0,9563, *cruise chicago* (croisière de/à Chicago ou sur la rivière Chicago), 0,9519… Un lien de causalité, dans un sens ou l'autre semble exclu, à moins de supposer que les piqûres d'insectes aux États-Unis poussent les Américains à (venir et) se marier en France, ou encore que les mariages en France énervent les insectes (aux États-Unis) et les font piquer les Américains. Ces relations peuvent tout au plus révéler une cause commune principale : les premiers mois d'été de l'hémisphère nord, propices aux États-Unis aux piqûres d'aoûtats et aux croisières à Chicago…, sont également propices aux mariages en France.

Un second exemple parmi les séries temporelles sans, ou à faible saisonnalité, est l'indice Insee mensuel des prix à la consommation des apéritifs de janvier 2004 à février 2014. Google Correlate donne, pour les recherches françaises, « dématérialisé », avec coefficient de corrélation de Pearson 0,9849, puis *standvirtual* (en premier résultat, un site portugais de vente d'automobiles, motos et bateaux d'occasion), 0,9845 et « orange pro » 0,9842…

Concernant les recherches américaines, le résultat est davantage corrélé et étrange. Il donne avec un coefficient supérieur à 0,99 pour la recherche « 5/3/1 » qui est une méthode de musculation de *Powerlifters*.

De toute évidence, un coefficient de corrélation très élevé, ici supérieur à 0,99 peut n'avoir aucun sens et vraisemblablement une capacité prédictive limitée. Les lecteurs vérifieront si, dans le futur, l'intérêt américain pour la méthode 5/3/1 est lié avec l'indice des apéritifs en France…

Les corrélations sont utiles, elles peuvent ouvrir des compréhensions (musculation après les agapes de fin d'années ?) ainsi que des pistes de causalité à vérifier et/ ou quantifier avec, par exemple, les régressions.

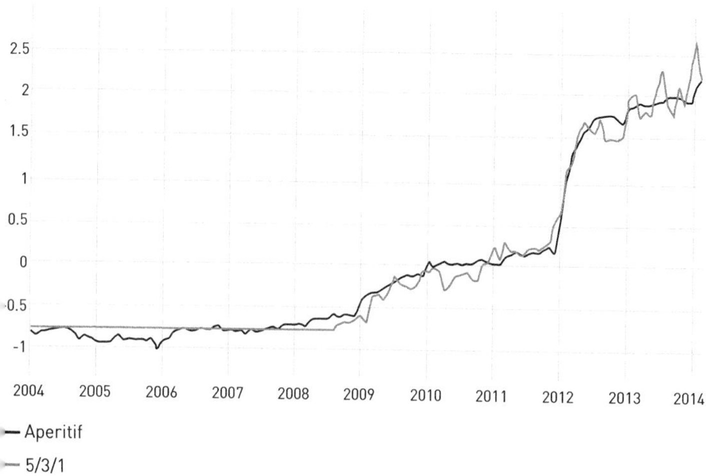

Figure 8. – **Courbes de l'indice de prix apéritif (en noir) et de la recherche 5/3/1 (en gris).**
(d'après Google Correlate & P. Delort, 2014)

Elles ne sauraient cependant, considérant entre autres les limites et approximations de leur mesure, conduire à des décisions satisfaisantes, non pas par fétichisme des causalités, mais plutôt parce que cerner quelques causalités, si possible les principales, permet de mieux évaluer les relations entre variables, les approximations et erreurs de l'induction, et également permet une meilleure robustesse du modèle au futur.

Correlation is not causation, corrélation n'est pas raison. Le modèle explicatif vise à identifier les causes principales[1] et quantifier leur effet. Maintenant, l'utilisation de modèles obtenus par inférence présente des risques certains.

Le premier risque est intrinsèque à l'induction qui cherche à tirer des conclusions de données sujettes à des variations statistiques. Les outils statistiques, comme l'intervalle de confiance, l'erreur standard de la régression ou la probabilité marginale de rejet permettent d'apprécier cette erreur.

Le deuxième risque est que les données reflètent, par nature, des faits du passé. Or, rien ne garantit que le futur soit semblable au passé.

Et enfin, le troisième risque est présenté par la dinde inductiviste de Bertrand Russell qui s'aperçut être nourrie à 9 heures, sous une large variété de circonstances, lui permettant d'inférer devoir être toujours nourrie à 9 heures… jusqu'à la veille de Noël où elle fut tuée. Russell en conclut que « des vues plus subtiles que l'uniformité de la nature lui auraient été utiles ». La dinde, nourrie et n'existant que pour le repas de Noël, ne pouvait inférer que dans les limites de ce modèle.

À ces risques s'ajoute, comme le montrent les MOS, le temps nécessaire à l'accumulation des données, parfois beaucoup plus long que le cycle hypothèse-expérience.

Un domaine, la finance de marché, n'a pas attendu le Big Data pour procéder par modèles, reposant sur une réduction du monde lui étant particulière. Ce domaine

1. Les autres causes influant sur la variable dépendante étant globalement regroupées dans des variables dites de maîtrise *(control)*.

va nous fournir un exemple complémentaire de la limite des modèles.

Avant octobre 2008, en qualifiant de AAA des CDO (Collateralized Debt Obligation, un produit financier composé de titres hypothécaires américains), l'agence de notation financière Standard & Poors évaluait la probabilité de défaut à cinq ans à 0,12 %. Le taux de défaut constaté fut 28 %. Le problème de la crise dite des subprimes fut essentiellement celui de ce modèle qui traitait les risques de défaut des emprunteurs comme des risques indépendants, alors que les défauts s'accrurent très fortement sur une cause commune et hors modèle : la fin de la bulle spéculative sur l'immobilier américain. S&P, comme les autres, était « hors de l'échantillon » en modélisant le risque de défaut sur un historique n'incluant pas d'éclatement de bulle immobilière.

Ceci montre qu'un modèle, et sa capacité à prédire, est contingent aux données l'induisant (et aux opinions préexistantes), à leur représentativité, non seulement de l'objet du modèle, mais également de son évolution future, et peut-être également à la volonté des créateurs du modèle…

III. – Décisions, visions stratégiques et opinions

Comment conjuguer le Big Data avec les autres éléments de décisions, la vision stratégique et les opinions ? Nous nous appuierons sur deux auteurs parmi les plus estimés sur le sujet du management, Henry Mintzberg et Peter Drucker.

Les décisions, ici rares ou non récurrentes et prises collectivement, peuvent s'appuyer très principalement sur des modèles. Les erreurs ont été fréquentes en ce domaine, et les modèles issus du Big Data en susciteront certainement d'autres, même si le numérique a fait évoluer le contexte décrit par Mintzberg.

1. **Vision.** – La vision est très souvent nécessaire à des décisions ne se réduisant pas à l'application de règles, ou pour lesquelles les données « dures », c'est-à-dire formelles et quantitatives, par exemple issues d'une expérimentation, seraient trop tardives. L'entrepreneur, en gardant sa vision non formalisée, peut l'adapter à son environnement changeant, alors qu'en la modélisant, il perd sa flexibilité et réduit la prise de décision à un *statu quo* conduisant au mieux à des changements marginaux.

Mintzberg fustige le planning stratégique, selon lequel la direction des entreprises devrait être complètement détachée (jusqu'à en ignorer les produits) de l'opératoire et y être seulement connectée par des données dures. D'abord, dans les faits, les managers passent une grande partie de leur temps en communication orale, ensuite Mintzberg donnait, il y a 20 ans, quatre arguments principaux contre l'utilisation exclusive, ou principale, des données dures, qui sont :

- souvent limitées en portée, ne prenant pas en compte d'importants facteurs non économiques ;
- assez pauvres, se limitent au résultat sans donner les causes et sont trop agrégées pour un usage effectif dans la prise de décision ;
- tardives, prennent du temps à être durcies et reflètent les préoccupations du passé ;
- et non fiables dans une proportion surprenante.

Les données du Big Data, massives et à faible densité en information, amoindrissent indubitablement tous ces arguments, sauf peut-être le reflet des préoccupations du passé, ce qui peut être mitigé en conservant les données dans leur format le plus brut possible.

Créer une vision requiert davantage que ce que Mintzberg appelle des données douces (peu formelles ou quantitatives, souvent d'origine verbale ou dérivant d'impressions) : une capacité à la synthèse et de l'imagination. Dans les mégastructures, personne ne conjugue à la fois la vision du terrain et une perspective suffisante pour l'embrasser entièrement.

Ici le Big Data est favorable à la combinaison, agrégation et synthèse des données et création de modèles. Ces modèles nécessitent des explications, incluant les interprétations possibles, les conditions de validité et de pertinences, et réciproquement une compréhension, par les décideurs, des principes et limites, des statistiques inductives.

2. **Opinion.** – Une décision est un jugement, un choix entre alternatives, et il s'agit rarement d'un choix entre le bon et le mauvais. Partir des faits est souvent illusoire, les décideurs partent d'opinions, qui sont des hypothèses non testées, et sans valeurs jusqu'à ce que testées avec la réalité.

Déterminer ce qu'est un fait demande une décision sur les critères de pertinence, principalement sur les mesures et métriques appropriées. Ceci constitue la charnière d'une décision efficace, et souvent son aspect le plus porteur de controverse. Enfin, la décision dérive rarement d'un consensus sur les faits, mais sur l'affrontement d'opinions divergentes et la considération d'alternatives en concurrence.

Trouver les faits ne peut se faire sans critères de pertinence ; les événements ne constituent pas en soi des faits. Les moyennes et autres éléments des statistiques descriptives sont dénués de sens pour les décisions managériales et trouver la bonne métrique n'est pas un exercice mathématique, mais un jugement de prise de risque. L'analyse des données est toujours lancée dans un cadre d'interprétation, et les données ne le sont que dans le regard de l'acteur : les messages de millions de femmes de 25-35 ans plaçant des images de bébés sur leur page Facebook peuvent être examinés indéfiniment à la recherche de signaux de motifs comportementaux (régime de jeunes mères), médicaux (dépression postnatale et maltraitance du bébé) ou consuméristes (proposer des produits pour bébés au bon moment). De ce fait, donner du sens aux motifs nécessite une interrogation critique.

IV. – **Opérations**

Un autre apport du Big Data aux firmes concerne les opérations et process et comment les modèles algorithmiques peuvent les améliorer.

Une distinction structurante est la part d'automatisation des opérations, sujet posé il y a un demi-siècle par Alfred Sloan, dirigeant de General Motors : « La décision de mécaniser un process de production est d'une bien plus grande ampleur que le nombre d'opérations répétitives. Elle implique des notions économiques de retour sur le capital investi. Et le résultat, l'utilisation la plus efficace d'éléments humains et mécaniques, fait que les opérations manuelles ne disparaissent pas nécessairement lorsque le process est mécanisé[1]. »

Lorsque l'automatisation est quasi totale, et que ne restent que des tâches de paramétrage et de surveillance, les modèles sont inscrits dans l'application, comme dans les logiciels de « Revenue Management » ou de paie. Ceci est contingent à ce que :

- le domaine de l'application (entrées et résultat) soit numérique (et les données riches, fraîches et fiables) ; y sont favorables l'ancienneté d'équipement en TI, la proximité du virtuel ou la volonté de l'entreprise ;
- les algorithmes opérationnalisent des règles stables ;
- l'alternative (l'utilisation d'éléments humains) soit non compétitive pour des questions de coût, de temps de cycle, de réglementation (traçabilité…), de distribution des opérations, de politique d'entreprise…

Des exemples d'automatisation quasi totale incluent, dans les services financiers, le *credit scoring*, la détection de fraude, le *pricing*, la profitabilité des clients. Dans la distribution, la promotion des ventes, le réapprovisionnement, la gestion des linéaires… en manufacturerie, la rationalisation de la *supply chain*, la prévision de la demande… Dans le secteur de l'énergie, les prévisions de demande, et avec les compteurs communicants le *pricing* et l'équilibrage temps réel du réseau… En communication, le *pricing*, la conservation des clients *(churn)*, les prévisions de demande…

1. A. P. Sloan, *My Years with General Motors*, Currency/Doubleday, 1963.

et dans tous secteurs, la surveillance des systèmes et réseaux et la détection d'intrusion ou de fuites.

L'automatisation d'opérations autour de modèles élaborés, basés sur des classes nouvelles de données d'Internet ou de capteurs est un champ probable d'expansion du Big Data, peut-être au cœur des ambitions affichées par Google dans l'assurance.

Lorsque l'automatisation est partielle et qu'elle intervient hors exceptions (en assurance sur montant de garanties ou complexité du cas) ou, plus rarement, en assistance au jugement d'une personne (en assurance, simulation lorsque le cas rencontré est nouveau ou exceptionnel), les cas d'application du Big Data pour décision sont plus difficiles à imaginer, même s'ils suscitent la création, par Gartner, d'une nouvelle catégorie parmi les logiciels de Business Process Management (BPM). Ces logiciels, connus sous le nom de Workflow dans les années 1990, intègrent :

- modélisation de l'activité ;
- gestion de l'activité (mise en œuvre opératoire des modèles) ;
- éventuellement, support étendu à ces opérations ;

et ce sur la totalité, ou sur une partie très significative (plusieurs personnes), d'un process d'entreprise.

À la fin des années 2010, Gartner a étendu la définition du BPM aux BPM/S, S pour Suite, avec module d'analyse de process, de surveillance (BAM)…

Il a rajouté en 2012 un nouveau segment, le iBPM/S, i pour « intelligent », qui inclut l'analytique (Intelligent Business Operation) afin de rendre les décisions « plus intelligentes », en rajoutant notamment une fonction

Social Media, des capacités analytiques étendues, des outils statistiques et/ou prédictifs…

Les outils de BPM sont placés, lorsque mis en œuvre en entreprise, au cœur de réseaux personnes-machines. La transformation conjointe des technologies, organisations et ressources humaines est délicate à conduire et peut nécessiter un changement fort, comme on a pu l'observer avec le Lean Management et le Workflow dans les années 1990[1]. Il n'est pas certain qu'il en soit autrement aujourd'hui.

Plutôt que de parler de firmes « conduites par les données » (*data driven*), ce qui serait nier que les décisions se placent dans une vision (et également dans un système social et politique) et résultent très souvent d'opinions préexistantes, il serait plus juste, et réaliste, de parler de décisions prises « en connaissance des données », en connaissance des modèles, ou encore en connaissance de résultats d'expérimentations statistiquement valides. Les tests d'hypothèse, qui permettent de discerner si une situation est le résultat d'une action ou de fluctuation statistique, contribuent à une compréhension claire et partagée de l'expérimentation et des enseignements à en tirer. Les Anglo-Saxons prétendent que le management est un mélange de science et d'art. Il est probable que le Big Data rajoutera un peu de science au management, même si, pour certains, les statistiques sont un art.

1. P. Delort, *Information contre Institution : Workflow, Lean Management et gouvernance de la firme*, Mines ParisTech, 1997.

Chapitre VI

TRANSFORMATIONS DES ENTREPRISES

Le Big Data ouvre à des changements profonds de process, de modèles d'affaires, voire d'activité et le monde de la recherche a été précurseur en la matière.

I. – Recherche scientifique et Big Data

L'universitaire britannique devenu chercheur chez Microsoft, Tony Hey, a identifié quatre grandes étapes dans l'évolution de la science[1] :

- étape 1 (Antiquité grecque et chinoise) : *la théorie*, c'est-à-dire la tentative d'expliquer les observations avec des lois naturelles plutôt que par des acteurs surnaturels ;
- étape 2 (XVIIe siècle) : *l'expérimentation*, c'est-à-dire la vérification d'hypothèses en conduisant des expériences ;
- étape 3 : *le calcul et la simulation* grâce aux ordinateurs permettant d'explorer des champs inaccessibles à l'expérimentation, comme les modèles climatiques, la formation des galaxies… ;
- étape 4 : *la fouille des données.* Les scientifiques partent des données pour y découvrir des lois.

1. T. Hey, « The Next Scientific Revolution How Data Mashups Can Help Save The World », *Harvard Business Review*, nov. 2010.

L'approche scientifique classique, correspondant à l'étape 2, est basée sur l'hypothèse initiale formulée par les scientifiques. Ceux-ci cherchent ensuite les moyens pour acquérir les données leur permettant de la conforter ou la réfuter. Les données sont le facteur limitant. Dans les approches massives, c'est la formulation d'une hypothèse pertinente permettant d'expliquer les données qui est le facteur limitant. La logique de recherche est inversée et l'on parle, pour le Big Data, de démarche *data driven*, au lieu d'*hypothesis driven* : les chercheurs partent des données et cherchent des régularités, ou des singularités, pouvant susciter des hypothèses. L'information fournie par les données obtenues en masse, sans *a priori*, constitue une alternative valable, complémentaire et parfois nécessaire aux approches classiques basées sur l'hypothèse initiale formulée. En biosciences, ce changement d'approche concerne principalement la génomique, la protéomique (domaine des biomarqueurs), l'imagerie médicale ou cellulaire et la biologie structurale.

Il rend nécessaires des aménagements de compétences et des usages. Les données doivent être partagées avec des communautés différentes posant des questions différentes, car elles sont :

- beaucoup plus riches que nécessaires pour le producteur (problème de volume et d'hétérogénéité), leur valeur dérive donc d'un partage ;
- issues d'échantillons ayant nécessité peu de transformations, il est important de conserver les données dans leur état brut (d'où la faible densité en information) ;
- coûteuses du fait des technologies employées.

Transformation numérique de l'innovation

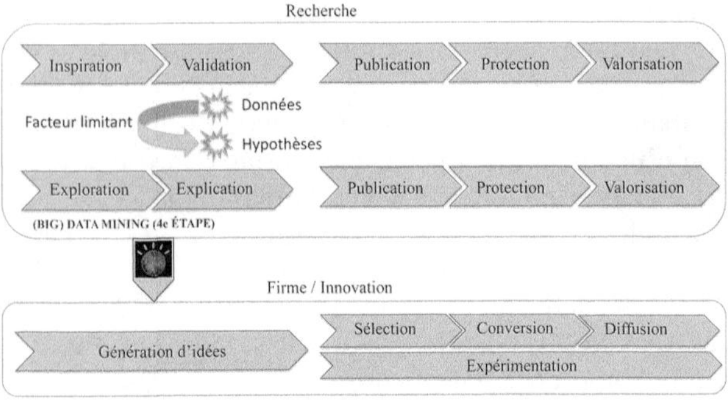

Figure 9. – **Les transformations de la recherche et de l'innovation**
(P. Delort, 2015)

Pour « chercher une épingle dans une meule de foin multidimensionnelle, sans savoir à quoi ressemble l'épingle ni si la meule de foin en contient une[1] », il est nécessaire, en compléments des outils (statistiques, de visualisation, etc.), de mettre en place de nouvelles pratiques managériales à même de favoriser une logique d'exploration des données et d'induction. Cela passe par une organisation des équipes favorisant les échanges (conception des locaux, repas d'équipes…), une promotion de l'interdisciplinarité, une sanctuarisation de temps pour la recherche (un jour par semaine), etc.

1. M. Weinstein *et al.*, « Analyzing Big Data with Dynamic Quantum Clustering », *SLAC National Accelerator Laboratory*, 2013.

Le savoir-faire en matière de conservation des données (*data stewardship*, *data custody* plutôt orienté matériel informatique) s'est aussi peu à peu constitué dans les équipes de recherche et fait pleinement partie de ce qui doit être précisé dans les résultats publiés (ceci incluant les métadonnées, l'indication de la provenance des données, de leur mode d'obtention, de leur dépendance avec d'autres données…).

Ces savoir-faire de la recherche en matière de Big Data commencent à irriguer la fonction innovation des firmes. C'est ainsi, par exemple, qu'IBM a présenté mi-2014 une offre commerciale de son logiciel Discovery Advisor, logiciel qui avait été testé dans la recherche.

II. – De la publicité au partenariat d'affaires

Attirer avec des services gratuits des consommateurs vers des écrans d'ordinateur, de téléphone, et peut-être demain d'automobiles, y présenter, et se rémunérer avec, ce qui s'appelle encore de la publicité : ce nouveau modèle économique, qualifié de « Googlenomics », est un des domaines de transformation issus du Big Data.

Ce marché nouveau s'est organisé peu à peu, malgré la défiance initiale des annonceurs pour les chiffres de trafic fournis par les sites et leur volonté de ne pas placer leurs bannières sur des sites à contenu discutable. Ceci a initialement conduit à une surconcentration des annonces. Progressivement, des réseaux de publicité nommés Demand Side Platform ont permis d'atteindre tous les sites, y compris ceux au trafic le plus modeste.

Des sociétés comme eXalate et Bluekai ont des accords avec des milliers de sites qui placent des *tracking cookies* (contenant un identifiant et servi par la suite au serveur avec URL de la page, date... pour conservation en log du serveur et exploitation) sur leurs visiteurs et exploitent les données d'inscription des sites.

Le coût par mille impressions (CPM) se situe entre 0,5 et 1 $ en passant par un réseau, et environ 20 fois plus en vente directe à l'annonceur, avec des entreprises comme Pubmatic ou X+I faisant du « Yield » en proposant aux sites de maximiser leur vente par réseau. Des bourses de publicité (Ad Exchange 2.0 de Google, Right Media de Yahoo...) permettent de vendre, certaines en Real Time Biding (RTB), des impressions à des internautes anonymes.

1. **De la publicité à l'avant-commercial.** – Partant de rien en 2002, Google vendait plus de 2 Md $ de publicité sous deux ans. En 2013, son chiffre d'affaires atteint 60 Md $ (soit la moitié de la publicité Internet estimée à 125 Md $, sur 500 Md $ de dépenses publicitaires mondiales), pour des profits d'environ 14 Md $.

Les équipes marketing, raisonnant depuis des décennies en termes de population et d'entonnoirs, furent immédiatement conquises par la publicité sur moteur de recherche et l'accès individuel à des masses de personnes suivant le parcours de la décision du consommateur depuis la prise de conscience d'un choix de produits jusqu'à l'achat.

L'utilisation des intérêts exprimés par les personnes au travers de leurs recherches sur Google se fait par « optimisation » de la recherche (SEO pour Search

Engine Optimization) et présentation de liens publicitaires achetés. Le SEO revient à concevoir un site en fonction des algorithmes des moteurs de recherche pour obtenir le meilleur classement. Le premier résultat d'une recherche est cliqué dans environ 20 % des cas, le premier lien sponsorisé dans 5 %. Le lien acheté dépend de l'enchère, de la proximité avec la recherche, et du taux de succès (proportion de clics par exposition au lien) constaté.

AdWords, le paiement au clic, permit à Google de percevoir 73 % des 22 Md $ de revenus des moteurs de recherche en 2008 (le taux de clic passant pour certains de 16 % en 2003 à moins de 1 % en 2010). Il cumulait deux avantages : des publicités effectives, car en rapport avec la recherche et des logs permettant de les améliorer. AdWords devint un tel succès qu'il fallut en cacher l'ampleur.

Google reprit à GoTo le paiement au clic et les enchères par mot-clé, avec un coût au second + 1 (si le premier enchérit à 20 ç et le second à 10 ç, le premier gagne et paie 11 ç) et un « facteur de qualité », favorisant les publicités « en rapport avec la recherche », c'est-à-dire « rendant service à l'utilisateur ».

Le projet Phil, utilisant la technologie venant d'Applied Semantics (firme acquise à l'époque) pour extraire des mots d'un contexte, a permis l'ajout de bandeaux publicitaires sur blogger, puis sur toute page Internet, Google conservant environ un tiers du revenu. Avec cette nouvelle offre, AdSense, Google faisait des affaires hors de la recherche et, fin 2003, recevait plus d'1 M $/j de plusieurs centaines de milliers de clients.

Google représente la sortie de la publicité d'un monde de mystère inquantifiable : le service Google Analytics permet au site marchand d'évaluer précisément la valeur de l'internaute entrant, pour les enchères futures sur AdWords. Google Analytics a connu un tel succès que les serveurs se sont effondrés à l'ouverture en novembre 2005.

Aujourd'hui, Google a organisé ses ventes en deux réseaux :

- le réseau affichage (Display Network) sur des pages comme celles de YouTube, Blogger, Gmail… ;
- le réseau recherche (Search Network), sur les pages du moteur de recherche, mais également Google Maps, Shopping et Image, ainsi que sur des sites de recherche partenaires ;

et propose aussi deux modes de tarification :

- l'un en fonction de l'exposition de la cible (l'internaute) au message, tarifé au coût par mille (CPM) ;
- l'autre en fonction du nombre de clics, le coût par clic (CPC).

Le CPM, marginal et qui n'est disponible aujourd'hui que sur le réseau affichage, quantifie l'affichage et dès lors correspond à la définition de la publicité. Le CPC relève-t-il encore de la publicité ou plutôt de l'avant-commercial ? Assiste-t-on à une (re)intermédiatisation à spectre large qui touche tous secteurs et toutes les tailles de firme ?

2. **De l'avant-commercial au partenariat d'affaires.** – Criteo, un des leaders mondiaux du *retargetting*

ou reciblage, présente des bannières aux internautes ayant manifesté auparavant leur intérêt pour certains produits. La croissance de son chiffre d'affaires, 272 M€ en 2012, dépasse les 50 % par an depuis plusieurs années.

Criteo suit 200 milliards de ventes annuelles, répond par jour à 40 milliards d'enchères, affiche deux milliards de bannières et collecte 20 To de données traitées en temps réel. Criteo stocke huit Po de données sur 2 000 serveurs répartis en sept *datacenters* placés sur trois continents.

Dans un temps de cycle de 100 millisecondes, Criteo achète, par enchère en temps réel (RTB), un espace sur une page visitée par un internaute, et place dans cet espace la bannière adaptée. Dans ces 100 ms, 50 ms sont consommées en latence réseau, 10 ms en connexion, 35 en autre temps de calcul. Il reste 5 ms pour les algorithmes composant le modèle déterminant la bonne bannière (texte, dessin, couleur du fond...) à placer au bon moment sur la bonne page. Grâce à ce modèle, le taux de clic est donné comme le quintuple du standard : 0,51 % contre 0,1 %[1]. Le succès de Criteo repose sur sa capacité à acheter de l'espace en fonction de l'utilisation qu'il sait en faire, sa rémunération par le site marchand étant en CPC.

Le modèle, constamment adapté grâce aux 25 000 expériences conduites par an, est passé de 5 à 30 régresseurs en 2012. En 2014, Criteo sait régresser jusqu'à 24 bits (soit 17 millions de variables indépendantes), les données étant mises à jour toutes les six heures[2].

1. Pascal Gauthier, COO Criteo, février 2013.
2. D'après Franck Le Ouay, *Chief Scientist* Criteo, 2014.

Figure 10 – **Big Data et modification de la chaîne de valeur**
(P. Delort, 2014)

Début 2014, Criteo annonce son ambition de passer, sous deux ans peut-être, d'une rémunération au clic à une rémunération au chiffre d'affaires ou à la marge générée par les internautes.

Google était déjà (très principalement) sorti en 2001 de la publicité pour entrer dans l'avant-commercial. Pourra-t-on toujours parler d'avant-commercial lorsque Criteo aura réussi à asseoir sa rémunération sur chiffre d'affaires ou marge générée ? Ne faudra-t-il pas parler plutôt d'un partenariat d'affaires ?

III. – Quand l'utilisateur devient indicateur

Au-delà du Web-marketing, la valorisation de données particulières composées de nos traces d'activité grâce aux techniques d'analyse quantitative à échelle massive permet de proposer de nouveaux types de services dans différents domaines.

1. **Transport.** – La société Amadeus est l'un des leaders dans l'édition de logiciels de transport aérien (Global Distribution System ou GDS, utilisé entre client,

transporteur, distributeur, hôtel, loueur de voitures…). Cette firme a fondé au début des années 2010 Amadeus Travel Intelligence pour vendre du service, assis sur les données de transport, notamment de voyageurs, accumulées dans ses *datacenters*, aux compagnies, mais également aux destinations, leur fournissant comparaison et prévision, par exemple sur la fréquentation d'un congrès ou le remplissage des hôtels. Un voyageur a-t-il conscience, en réservant un billet d'avion, que cet acte, parmi et avec beaucoup d'autres, crée un service commercial ?

Autre exemple, la firme Sense Networks. Celle-ci a été fondée en 2006 par des informaticiens du MIT et de l'université de Columbia et distinguée par le *New York Times* comme fournissant un des dix meilleurs produits de l'Internet des objets en 2009. Cette société a débuté en agrégeant des données historicisées et en temps réel de localisation des individus *via* les téléphones mobiles, pour analyse et création de nouveaux services. En analogie avec Internet où un site marchand connaît le site de provenance de ses visiteurs, l'idée était de vendre aux firmes de distribution (et aux analystes financiers) des informations sur la provenance de leurs clients et leurs lieux d'achat.

La première application lancée par Sense Networks en 2008 est appelée Citysense. Elle est utilisable à San Francisco et vise à répondre, dans un but de divertissement, à la question « où va tout le monde en ce moment ? ». Citysense en accédant aux données de téléphones mobiles et de GPS des taxis (soit environ quatre millions de capteurs) affirme pouvoir répondre aux questions « Je me demande si les gens sortent ce soir ? », « Est-ce une bonne idée de sortir ce soir ? »,

« Quel est l'endroit le plus chaud ce soir ? », en quasi-temps réel. Il s'agit de déterminer les lieux « chauds », c'est-à-dire ceux qui connaissent une affluence particulière à un instant *t*.

Le second produit, CabSense, date de 2010 et est basé sur les données GPS de 90 millions de trajets de taxi new-yorkais durant six mois. L'application indique, en fonction du lieu, du jour de la semaine et de l'heure, quels sont les angles de rue les plus proches où la probabilité de pouvoir arrêter un taxi est maximale.

Au vu de cet exemple se posent les questions suivantes : prendre un taxi à New York, revient-il uniquement à voyager, ou également à fournir des indications permettant la vente de services ? Les GPS embarqués par les taxis servent-ils uniquement à faciliter sa course, ou, en conservant la trace des trajets (sans doute jumelés aux taximètres indiquant, précisément géolocalisés, le début ou la fin d'une course) ne permettent-ils pas la création de nouveaux services ?

Sense Networks[1] a été rachetée en janvier 2014 par YB, une société leader dans la publicité sur téléphone mobile.

2. **Musique.** – Dans un autre champ d'activité, la musique, le début de BigChampagne se fit au milieu d'une controverse. Le champ d'action choisi, les sites de partage de musique comme Napster, dissuada les éditeurs de musique de travailler avec cette firme. En 2003

1. Qui a également eu d'autres projets, d'intérêt plus général, comme celui avec Vodafone, d'alerte avancée et de modélisation et de prédiction de la propagation de la tuberculose, en Afrique du Sud en 2009.

son fondateur, Eric Garland, témoigna devant le Sénat de Californie que le partage de contenu sur Internet était « fondamentalement impossible à arrêter », propos que l'association professionnelle (RIAA) critiqua vigoureusement.

Aujourd'hui, les données fournies par BigChampagne sont utilisées par les majors de la profession dans leurs décisions de recrutement d'artistes ainsi que pour ajuster leurs campagnes de promotions sur Internet et sur les radios et chaînes de télévision musicales. Les radios, télévisions... utilisent également ces données pour déterminer les listes de diffusions. Certains artistes, comme Led Zeppelin, ont même fait appel à cette société pour choisir les morceaux à jouer en concert. Quant au groupe Radiohead, il a demandé à BigChampagne d'évaluer l'impact de sa politique « payez ce que vous voulez » sur son album *In Rainbows*.

Cette utilisation des données de consommation de musique se propage dans l'industrie musicale, et Universal, la plus importante firme de cette industrie, développe son propre outil de traitement de masses de données. L'étude de ces données de masse a notamment apporté la preuve de ce que nombre d'entre eux suspectaient : la diffusion des nouveaux morceaux aux radios quelques semaines avant leur mise en vente nourrit la copie et mine les ventes. Dès lors, Universal mit fin à cette pratique début 2011.

Alors que le Business traditionnel décline, les firmes de ce secteur évoluent vers les concerts et les produits dérivés et, pour réussir dans ces nouveaux marchés, doivent devenir des experts en comportement de fans. Ceci inclut de comprendre non seulement pourquoi et comment les personnes achètent de la musique, mais également comment ils l'intègrent dans leur vie. Cette évolution se traduit, entre autres par le fait qu'Universal ne se présente plus comme un grossiste en musique. Pour l'auditeur, cela signifie qu'écouter de la musique sur un site de streaming, sur YouTube... revient également à participer, de manière permanente, à une étude de consommation et de marché.

3. **Crédit.** – Prêter de l'argent est facile, le récupérer l'est moins. Dès lors l'évaluation, avant accord de prêt, du risque de défaut de l'emprunteur est vitale.

Dans les pays sans historique de crédit (comme le Malawi, l'Ouganda...), Finca International, une structure de crédit employant 1 200 personnes, propose d'évaluer la capacité à rembourser des personnes. Elle s'appuie notamment sur divers signes comme la disposition de toilettes intérieures au logement, le fait de recevoir des cadeaux venus de l'étranger, une bonne réputation auprès des voisins, etc. Le système est efficace, le taux de défaut est inférieur à 1,5 %, mais coûteux (les 1 200 employés chargés de ces enquêtes). Une autre source d'information, moins onéreuse, est le trafic téléphonique.

Un accès, autorisé par le client, à son trafic de téléphone mobile (dont sont équipés 90 % des prospects) délivre des signaux utiles. Un trafic en semaine vers la ville commerciale attenante (affaires en activité), des appels fréquents de et vers des pays riches (connaissances fortunées) sont des signaux favorables quant à la capacité future à rembourser.

Dans les pays plus développés, les réseaux sociaux sont utilisés. Kreditech, qui accorde des prêts sur Internet en Allemagne, Pologne et Espagne, demande un accès, sur une durée limitée, à un compte de réseau social du prospect, Facebook ou autre. Le lieu de résidence de ses amis (cote du quartier), leur métier (bien rémunéré)... permettent d'évaluer le risque-crédit.

Lenddo, une autre start-up originaire de Hong Kong et possédant des entreprises de crédit sur Internet aux Philippines et en Colombie, demande aux « amis » sur les réseaux sociaux du candidat à un crédit de confirmer ses dires. Lenddo s'assure que ces « amis » le sont réellement en vérifiant le partage de certaines formules et mots dans leurs échanges de messages sur ces réseaux sociaux.

Neo, pour sa part, établit la qualité des candidats à un crédit auto en utilisant LinkedIn. Le logiciel de Neo évalue la vraisemblance du poste déclaré sur LinkedIn par les liens affichés, et leur nature, avec des personnes de cette même entreprise. L'estimation inclut également la capacité à trouver rapidement un autre emploi à partir des liens affichés avec d'autres employeurs potentiels.

ZestFinance, un organisme de prêts sur Internet aux États-Unis, et dont le taux de défaut est environ 40 % inférieur à celui de certains de ses concurrents, a remarqué que les candidats écrivant uniquement en majuscules ou minuscules présentent un moindre taux de remboursement de leurs emprunts...

Nombre de nos activités – échanger avec des amis, admettre des collègues comme relations, remplir un formulaire, téléphoner, voyager, écouter de la musique... – font appel aux TI. Comme le révèlent ces divers exemples, les traces numériques que laissent ces activités sont rassemblées, stockées et accumulées, à coûts désormais admissibles en regard de ce qu'il est possible d'en extraire. Et aussi ténues que soient ces traces, leur volume permet aujourd'hui d'en extraire des modèles indicateurs, voire délateurs, de nombreux de nos comportements… à venir.

IV. – Posséder ou utiliser

Nous avons déjà présenté (voir p. 22) le cas de Rolls-Royce et la profusion de données issues de sa gamme de moteurs d'avion Trent. La capacité à anticiper, de manière précise et précoce, les problèmes survenant sur un moteur a permis de minimiser la non-disponibilité, de réduire le coût de maintenance, de rationaliser le planning d'interventions ainsi que d'améliorer la conception des équipements par retour d'utilisation.

La capacité à contrôler les coûts encouragea la firme à adapter un modèle d'affaires appelé Totalcare dans lequel il fournit des services de gestion des moteurs, ceux-ci incluant toute intervention de maintenance ou de réparation. Rolls-Royce facture à l'heure de vol du moteur et les risques de coûts des visites et opérations, moteur « sur aile » ou en atelier, lui sont transférés. De ce fait Rolls-Royce est directement intéressé à la régularité de fonctionnement et au temps « sur aile » du moteur. Du côté des clients, les avantages de Totalcare que Rolls-Royce met en avant sont :

- le coût fixe d'opération et de maintenance des moteurs ;
- la disponibilité accrue grâce à la surveillance du moteur, ceci augmentant sa durabilité ;
- la préservation de l'investissement (un moteur plus attractif et plus cher à la revente).

Même si ce principe de paiement à l'heure de fonctionnement n'est pas nouveau (l'expression Power-by-the-Hour vient de Bristol Siddeley, un fabricant britannique de moteurs acquis par Rolls-Royce en... 1968), la profusion de données et la capacité à les transmettre, stocker et transformer favorisent ce genre de service qui déplace les risques vers le partenaire le mieux à même de les évaluer.

Rolls-Royce voit évoluer son modèle de la cession de moteurs vers la location, en en conservant la propriété.

Ce cas est précurseur d'offres « tout compris » pour d'autres firmes dont le coût sera assis sur l'usage, précisément mesuré pour chaque produit et pouvant conduire à des services nouveaux. Dans le cas de Rolls-Royce, ce pourrait être une formation personnalisée de chaque pilote, en fonction de constats faits sur son pilotage : surconsommations de carburant, usure, bris...

V. – Des systèmes de production aux systèmes d'utilisation

Ces évolutions de modèles économiques en raison de l'essor du Big Data peuvent prendre des formes diverses, et elles n'auront pas les mêmes impacts en fonction des firmes.

Une étude menée par Joan Woodward, au sud du Royaume-Uni dans les années 1950, avait conduit à la théorie des systèmes de production qui distingue trois types de firmes :

- type I : production par unités et petits lots (classes I à IV), dite également production unitaire et multi-unitaire ;

- type II : production par lots importants et production de masse ;
- type III : industrie de process, production en flux continu de liquides, gaz…

De chaque type découlent des comportements cohérents sur plusieurs axes d'analyse, incluant le nombre de personnes rapportant au DG le nombre de niveaux hiérarchiques, les ratios de management/supervision sur le personnel total, le coût de la main-d'œuvre sur coût total, de travailleurs directs sur travailleurs indirects…

Chaque type montre également une *chaîne de la valeur* particulière sur les trois fonctions que sont la production, le développement-produit et le marketing-vente, comme le montre la figure ci-après.

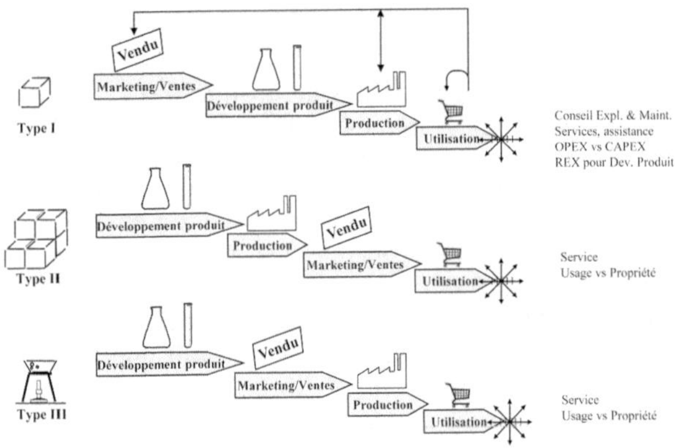

Figure 11. – **Systèmes d'utilisation**
(d'après P. Delort, 2005)

Relativement à ce modèle de la firme, le Big Data irrigue les fonctions, mais peut-être surtout permet d'en rajouter une, l'utilisation du produit ou service.

En type I, production unitaire/multiunitaire, le marketing-vente est un process structuré souvent en appels d'offres, rares et de montants unitaires importants. Le Big Data peut aider ce process et fournir des arguments sur des choix techniques ou enrichir les cas d'utilisation projetés. Le développement-produit peut tirer profit des données issues de l'utilisation à l'image de SKF voulant connaître les conditions exactes d'utilisation du roulement, plutôt que celles supposées au début de sa conception. L'utilisation peut être transformée par la richesse des données. Cela permet d'une part de mieux utiliser l'équipement, de le maintenir basé sur des modèles d'usure plus précis, et d'autre part, en détectant mieux et plus tôt les signaux précurseurs, d'adapter la maintenance ou le renouvellement de l'équipement. La maîtrise de l'utilisation d'équipements industriels permet d'enrichir la vente de prestations de services, voire de la remplacer par une offre d'utilisation, comme l'achat d'un réacteur étant remplacé par l'achat de puissance à l'heure d'utilisation[1].

En type II, relativement au type I, la production de masse apporte au fabricant la possibilité de sommer et de

1. Pour Yannick Le Gonidec, DSI groupe Apave, une information riche sur la tenue de l'équipement, son vieillissement ou son usure pourrait faire passer la production d'unitaire/multiunitaire à une production par (petits) lots, c'est-à-dire faire changer de système de production et réduire fortement les coûts. Ceci est particulièrement envisageable dans les cas où les équipements sont utilisés en environnement très réglementé (nucléaire…) et où ils doivent être accompagnés d'une note de calcul montrant leur conformité.

croiser les données d'utilisation de nombreux produits, dont les propriétaires, et les conditions d'utilisations, sont différents. Cela peut permettre, comme pour le type I, de remplacer l'acquisition par l'usage, mais entre plusieurs utilisateurs, ce qui ouvre à des schémas de location assis sur des différences métriques, par exemple le temps, l'utilisation, l'usure, la consommation… Le marketing-vente peut grandement profiter de la connaissance client issue de ses comportements d'utilisation pour monter en gamme, réaliser des ventes complémentaires, croisées, au rebond… ou limiter les résiliations.

La production en type II est, pour l'essentiel, spéculative, c'est-à-dire réalisée sans connaître l'acheteur (même si Toyota a fortement innové sur ce point). Les données d'utilisation ainsi que les données de qualification des prospects permettent une sophistication de la tarification, avec les risques afférents, comme l'excès de *couponing* qui condamna certains distributeurs.

En type III, industrie de procédés, relativement aux deux types précédents, le retour sur l'utilisation peut promouvoir le développement de services, l'usage *vs* l'acquisition…

VI. – Trois modèles d'affaires possibles

La capacité à capter, transmettre, stocker et transformer de nouvelles catégories de données, à faible densité en information et en fort volume, permet de créer ou de transformer des modèles d'affaires, en trois cas :

1/ numériser des actifs physiques, comme des livres, des morceaux de musique ou des états civils. Cas que nous écarterons au sujet du Big Data, même si l'utilisation de ces actifs nouvellement numériques peut entrer pleinement dans la définition du Big Data ;

2/ créer des services nouveaux en exploitant des données existantes, détenues dans ses systèmes ou ses installations ou acquises (exemple d'un fournisseur de GDS). Le qualificatif Big Data dépend des densités et volumes en présence, et également de l'origine de ces données. Un point important du Big Data est l'approche exploratoire, « menée par les données » plutôt que « menée par des hypothèses ». Or, les hypothèses sont souvent présentes dans la structure des données. Créer des données dans un but de recherche de modèles par induction implique un coût limitant le volume ou le clairsemage ou un mélange des deux ;

3/ utiliser les données générées lors de l'usage d'un produit numérique comme un service Internet, par exemple un moteur de recherche ou un réseau social, ou physique comme une machine, un roulement ou un moteur. Les traces d'activité, les scories de données conservées les plus brutes possibles et à fort volume, hors l'intention préalable d'opération ou de supervision, correspondent souvent aux données du Big Data en termes de volume et de densité, et par le fait qu'il est possible d'en inférer des modèles d'utilisation ou autre.

Pour certains, ce modèle manifeste un retour de pouvoir aux firmes, relativement aux consommateurs qui avaient jusqu'alors considérablement profité d'Internet pour comparer des offres et communiquer entre eux.

VII. – Quelles compétences dans quelles structures ?

De nouveaux noms de postes gravitent autour du Big Data : *Chief Data Officer*, *data scientist* (ou analyste, moins marqué d'effet de mode), *Data Protection Officer*… Nous allons répertorier les compétences correspondantes aux technologies, modes de décision et business émergents ou modifiés et présenter les structures, comme l'avait avancé Henry Ford, afin non pas « d'arranger des fruits sur un arbre de hiérarchie, mais de coordonner et de motiver les hommes afin que les objectifs soient atteints[1] ».

Nous faisons le choix de considérer la fonction SI, censément une DSI, comme fondamentale pour le succès du Big Data, tout au moins à son initialisation, même si cette fonction présente, comme la fonction ressources humaines, des configurations très diverses. Entre autres, elles dépendent du business et de son intensité d'utilisation en TI (qui représente parfois la majorité des coûts dans le Web, un coût important dans les services financiers, plus modeste chez les manufacturiers – moins de 3-5 %), de l'ancienneté de la firme et de son cycle interne de déploiement de SI (refonte pleine échelle ou pause ultérieure), des structures internes (*business units* décentralisées ou centralisation sur homogénéité des produits), de la structuration (dilution de la fonction SI dans les métiers ou maturité et rassemblement), du gradient d'innovation (transformation autour des TI ou

1. H. Ford, *Today and Tomorrow*, Doubleday, 1926.

stabilité d'ensemble), des personnes, de leur caractère, de leur histoire, de leurs relations...

Nous allons structurer les compétences participant du Big Data autour de compétences informatiques, statistiques et business et autres, sans chercher à les définir davantage.

1. **Compétences technologiques.** – Les compétences technologiques spécifiques relèvent... des technologies utilisées. Celles génériques et d'acquisition ni triviale ni immédiate tiennent à des constructions nouvelles comme MapReduce et les bases NoSQL pour les développeurs et les DBA. Cela demande une approche différente de la construction des requêtes, par boucles et non pas ensembliste ; la structuration des requêtes SQL procède par *mappage* des colonnes, des jointures, *select*..., alors que MapReduce impose de lister les variables pour distribuer le travail sur des nœuds. Des logiciels tels Hive et Pig (Dremel & Go chez Google) arrivent à réduire en partie cette différence.

Le Machine Learning, dans lequel données et résultat créent un programme (le modèle, en son cœur), constitue une seconde nouveauté (voir p. 77).

2. **Compétences statistiques.** – Les compétences statistiques sont fondamentales tout autant que non triviales à acquérir. Il s'agit d'approches plus appliquées et pragmatiques que celles des mathématiques théoriques, concentrant en France enseignement et prestige. Elles englobent l'économétrie, le ML, la visualisation et la manipulation de données. Pour Hal Varian, *Chief*

Economist de Google, il s'agira dans les années 2010 du « poste le plus sexy ».

3. **Compétences business et autres.** – Les compétences business sont celles qui permettent de discerner à quoi et comment appliquer les outils (technologies et statistiques) de décision afin d'identifier, rapidement et en rendement décroissant, les problèmes et de participer à leur résolution.

Ceci inclut des qualités relationnelles et de conseil pour mettre en œuvre les décisions, ainsi que de la pédagogie, du coaching et du développement RH pour diffuser l'utilisation des approches quantitatives, particulièrement auprès des décideurs.

Ces trois compétences, participant directement au Big Data, connaissent des frontières et des conditions de compatibilité floues et notamment contingentes aux logiciels. Ainsi, chez LinkedIn, MapReduce permet à des analystes ayant peu de connaissances en développement et en systèmes distribués, de tester des idées, d'extraire des modèles et de créer des produits en itération rapide sur ces modèles, évitant ainsi les allers-retours avec les équipes de développement logiciel, constituant souvent un goulot d'étranglement.

4. **Postes.** – La définition d'un analyste est usuellement large ; n'importe qui traitant de l'information. Ici il s'agit d'utiliser les TI et les statistiques dans des analyses rigoureuses pour des décisions business. Le poste compte usuellement comme attraits l'autonomie, la variété au travail, les opportunités de croissance personnelle, la possibilité de contribuer à des

choses importantes et le travail avec des gens brillants et/ou puissants.

La principale fonction d'un *Chief Data Officer* est de promouvoir et favoriser les *data-informed decisions* et de faciliter les approches analytiques lors de la prise de décision, ainsi que l'accès aux données, et ce au-delà des seuls dirigeants. Ces données peuvent être publiques, internes, échangées, achetées, obtenues après action auprès d'un régulateur...

Pour cela, le *Chief Data Officer* doit assumer une fonction transversale afin d'acquérir une excellente connaissance de la firme, de ses process, métiers, enjeux business... Placé au cœur des différents sujets de la firme, il s'appuie sur une équipe d'analystes et d'informaticiens pour rendre les données accessibles au niveau décisionnel. Il peut former et inciter à l'utilisation de l'analytique de manière plus large suivant le contexte de l'entreprise.

Ainsi, M. Kolker, CDO depuis 2007 de l'hôpital pédiatrique de Seattle, classé 7e aux États-Unis, a conduit les analyses suivantes :

- analyse stratégique : prévision du nombre de patients sous cinq ans ;
- analyse prédictive : amélioration du traitement de patients à pathologie complexe ;
- proposition d'actions améliorant la position de l'hôpital dans le classement « US News and World Reports » (de la 10e à la 7e position) ;
- modélisation opérationnelle ; modèle et plan d'action pour diminuer le taux de turnover des infirmières.

Le poste *Data Protection Officer* est davantage centré sur les aspects juridiques, mais peut-être également éthiques, liés à la collecte et à l'usage de données personnelles.

Les technologies font évoluer le champ du possible, ce qui modifie les règles juridiques que nous nous donnons, ainsi que les règles tacites, sociales et davantage éthiques de toute communauté humaine. Ceci n'est en rien nouveau, la notion d'intimité a été formalisée aux États-Unis en 1890 en réaction aux technologies émergentes d'identification personnelle en diffusion de masse, c'est-à-dire la photographie et les rotatives de presse. Le sujet, d'importance croissante, suscitera vraisemblablement des postes dédiés aux données des personnes (clients, personnel…) dont la firme manipule les données.

5. **Structures.** – L'organisation des équipes d'analystes résulte d'un équilibre entre proximité business et concentration favorable à la motivation et au développement des compétences. À l'instar d'autres fonctions supports, les modes organisationnels possibles (les deux premiers étant favorables à un rattachement à un CDO) sont :

- centralisé. Les analystes font partie de la même structure, accentuant la facilité de déploiement sur des projets importants, mais aussi la distance avec le business ;
- équipe de consultants internes avec une approche marché. Subsidiarité des décisions d'affectation, le central gardant la visibilité et les analystes enseignant aux business comment les employer au mieux ;

– centre d'excellence (ou mode fonctionnel). Organisation des échanges autour des pratiques et de l'expérience, les équipes d'analystes appartenant aux structures ;
– décentralisé avec animation en central ou pas.

La position de l'éventuel CDO, et de son équipe, peut poser débat. Cependant, plusieurs arguments sont favorables à un rattachement du CDO et de sa fonction analytique à la DSI, tout au moins à l'initialisation du Big Data :

– les données caractéristiques du Big Data, massives et à faible densité en information, et le fait qu'elles recèlent de « nouveaux faits et des relations insoupçonnées » font que leur conservation relève plutôt de décisions internes à la DSI, spéculatives et basées davantage sur un jugement instinctif que sur un débat entre structures ;

– les formations et la culture des informaticiens, souvent plus proches de l'analyse quantitative que, par exemple, celles des marketeurs ;

– la sécurisation des données, favorable à une unité de responsabilité DSI ;

– la connaissance des données (interprétations possibles, conditions de validité et de pertinence) souvent concentrée dans les équipes DSI en charge du *Datawarehouse*.

– la rapidité souhaitable d'incorporation des résultats d'analyse ou des modifications retenus par les métiers d'une part dans les traitements et peut-être surtout en tant que données du *Datawarehouse* ; les équipes en charge du *Datawarehouse* étant naturellement enclines à attendre fiabilité, qualité... pour intégrer des données, une unité de structure avec les analystes est souhaitable pour des décisions, éventuellement une inflexion, subsidiaire.

Le rôle de la DSI nous semble ainsi essentiel pour le succès du Big Data, que ce soit pour :

– fournir des compétences techniques et analytiques coagencées, coassociées et coordonnées ;
– orienter ces ressources vers les domaines *a priori* de meilleur rendement, caractérisés par : la richesse des données, l'utilisation intensive d'informations, de capital et de travail, la rapidité de décision/exécution, de cohérence et de contrôle, les décisions distribuées, le transfonctionnel... ;
– stocker ou acquérir et fournir des données sans en connaître l'utilité future (récursive et multiplicative) ;
– intégrer les modèles issus des données massives dans les traitements et décisions ;
– assurer, promouvoir et engager un partage effectif des données, et particulièrement les données massives « dont la valeur dérive d'un partage[1] » ;
– « évangéliser » la firme sur la valeur des données et les opportunités d'affaires ou d'économies permises, capter ou enrichir la vision du comité de direction sur le sujet...

Ceci marque l'intérêt nécessaire des DSI, passant des traitements, maintenant inclus de manière

1. Conversation avec T. Meinnel, Inserm, 2012.

croissante dans les progiciels, et dès lors peu porteurs de différenciation des firmes, vers les données (et peut-être corrélativement de la réduction des coûts vers l'augmentation des revenus). Ces données pouvant elles-mêmes être facteurs de transformations de process, de modèles d'affaires, d'activité.

Maintenant, un autre facteur, décisif, de succès, sera l'aptitude des décideurs de la firme à comprendre les analystes, et plus spécifiquement leurs vocabulaires, concepts et arguments statistiques. La DSI pourra avoir un rôle pédagogique important sur le sujet.

VIII. – **Transformer**

Les différents exemples de transformation des process, des modèles d'affaires et des activités, ainsi que leur lecture en systèmes de production et la synthèse assise sur les types de données donnent la mesure de l'effet du Big Data sur les firmes. La poursuite des lois de Moore, Kryder et Nielsen permettra d'utiliser des données encore plus massives, et donc à plus faible densité en information, incorporant de nouveaux modèles.

Les firmes mettant à profit ces opportunités sont aujourd'hui concentrées dans les services Internet, sans doute en raison de l'abondance de données, qui plus est centrales à l'activité, et de la jeunesse des structures et personnes.

La mise en avant de la fonction SI dans ce chapitre ne doit pas masquer le fait que des changements plus larges et profonds seront sans doute associés au succès sur le Big Data.

Les singularités du management Google donnent la mesure de ces changements[1] : recrutement extrêmement sélectif (par comité, dossier de 20-40 pages incluant parcours scolaire et professionnel, Larry Page approuvant chaque embauche), 20 % de temps personnel, culture poussée du factuel, du quantitatif et des statistiques, management *technik*, la plupart des employés rapportant à deux personnes : un expert et un manager…

1. En toute rigueur, il faudrait s'assurer que la causalité n'est pas inverse : une excellence, par exemple marketing, faisant mieux que compenser des pratiques managériales constituant un handicap.

CONCLUSION

Le Big Data ne constitue sans doute pas une révolution de l'ampleur de celles de l'agriculture ou de l'industrie, et à même d'engendrer un nouvel âge d'or. Cependant, en ouvrant à l'induction des données, il permet des transformations de nombreux champs d'activité : politique, social, éducatif, judiciaire, sportif, personnel... avec des aspects juridiques, éthiques ou encore psychologiques à ne pas minorer.

Nous avons intentionnellement restreint le sujet de ce livre aux firmes en nous concentrant sur l'économie des organisations et en présentant leurs transformations possibles, ainsi que les changements de la fonction SI.

Concernant ces firmes, avancer une méthode universelle de mise en œuvre du Big Data est, de notre point de vue, hasardeux, tant la variété des situations, conditions et ambitions est grande.

Il est néanmoins possible de proposer une démarche générale articulée en trois étapes : diagnostic, identification des premières initiatives et consolidation de ces initiatives en un plan Big Data.

Selon l'ampleur des changements que connaîtront tout à la fois des métiers et la fonction SI de la firme, il pourra être utile de faire largement partager au sein de l'entreprise les apports des TI et des mathématiques aux systèmes, aux savoir-faire et aux modèles d'affaires existants. Ce diagnostic partagé aura pour but de créer une compréhension commune du Big Data, puis de faciliter, préparer et orienter un travail d'identification des initiatives à lancer, initiatives dont la nature sera fonction de la situation ainsi que des conditions et ambitions de chaque firme.

Ces initiatives, avec les actions à mener en TI (architecture, composants et outils), ressources humaines (management, postes et compétences) et organisation (structures, process et opérations) pourront être consolidées par la constitution d'un « plan Big Data », chaque firme y dessinant puis y découvrant sa propre voie.

Si la découverte de « nouveaux faits et des relations insoupçonnées » milite pour un examen large, partant des données, l'analyse du système de production de la firme permet sans doute de privilégier certaines zones d'effort. La matrice Volume × Densité est utile pour orienter la réflexion vers les données appropriées.

La démarche particulière de recherche plutôt que d'application de modèle est facilitée par le sens du pragmatisme et un usage de l'expérimentation qui ne sont pas toujours présents dans la culture des firmes. La chute des coûts d'expérimentation qu'apporte le *cloud computing* devrait néanmoins constituer un encouragement à la prise de risque et à une moindre stigmatisation de l'échec.

Il est significatif que deux des firmes les plus avancées sur le Big Data, Google et Facebook, ont été fondées et sont toujours dirigées par des personnes sans expérience préalable de la firme, des étudiants.

BIBLIOGRAPHIE PRINCIPALE

Anderson C., « The End of Theory: the Data Deluge Makes the Scientific Method Obsolete », *Wired Magazine*, 23 juin 2008.
Bechtolsheim A., « Technologies for Data-Intensive Computing », Sun Microsystems Inc., 2009, http://www.hpts.ws/papers/2009/session1/bechtolsheim.pdf.
Carr N., « IT Doesn't Matter », *Harvard Business Review*, mai 2003, p. 41-49.
Chuan L. *et al.*, « Redoop Infrastructure for Recurring Big Data Queries », Worcester Polytechnic Institute, 2014.
Corbett J. *et al.*, « Spanner: Google's Globally-Distributed Database », Google Inc., 2012.
Dormitzer P. *et al.*, « Synthetic Generation of Influenza Vaccine Viruses for Rapid Response to Pandemics », *Science Translational Medicine*, 5, 185ra68, 2013.
Dos Santos R., « Big Data as a Mediator in Science Teaching: a Proposal », Ulbra, 2014.
Drucker P., *The Effective Executive*, Harper Collins, 1967.
Fay R.B. & Bland J., « Tier-2 Optimisation for Computational Density/Diversity and Big Data », *Journal of Physics*, 2014, vol. 513, n° 6.
Ginsberg J. *et al.*, « Detecting Influenza Epidemics Using Search Engine Query Data », *Nature*, 19 février 2009, vol. 457.
Girard B., *Une révolution du management, le modèle Google*, MM2 Éditions, 2006.
Hammer M., « Reengineering Work: Don't Automate, Obliterate », *Harvard Business Review*, juin-juillet 1990, p. 104-112.
Hey T., « The Next Scientific Revolution. How Data Mashups Can Help Save the World », *Harvard Business Review*, novembre 2010, p. 57-63.
Junqué de Fortuny E. *et al.*, « Predictive Modelling with Big Data: Is Bigger Really Better? », *Big Data*, 2013, vol. 1, n° 4, p. 215-225.
Kaplan R.S. & Norton D.P., « The Balanced Scorecard. Measures that Drives Performance », *Harvard Business Review*, jan.-fév. 1992 *b*, p. 71-79.
Kaushik A., « Seven Steps to Creating a Data Driven Decision-Making Culture », 2006, http://www.kaushik.net/avinash/seven-steps-to-creating-a-data-driven-decision-making-culture/
Leinweber D., « Stupid Data Miner Tricks: Overfitting the S&P 500 », Caltech, 1995, http://m.shookrun.com/documents/stupidmining.pdf.
Levy S., *In the Plex, how Google Thinks, Works and Shapes Our Lives*, Simon & Schuster, 2011.
Lynch C., « Big Data: how Do Your Data Grow? », *Nature*, sept. 2008, vol. 455/4, p. 28-29.

Mayer-Schönberger V., *Delete, the Virtue of Forgetting in the Digital Age*, Princeton University Press, 2009.
Mintzberg H., *The Rise and Fall of Strategic Planning*, Prentice Hall, 1994.
Nagy B *et al.*, *Superexponential Long-term Trends in Information Technology*, Santa Fe Institute & MIT, 2010.
Neff G., *Why Big Data Wont Cure Us*, University of Washington, sept. 2013.
O'Harrow R., *No Place to Hide*, The Free Press, 2005.
Plattner H., *A Common Database Approach for OLTP and OLAP Using an In-Memory Column Database*, Hasso Plattner Institute for IT Systems Engineering University of Potsdam, 2009, http://www.sigmod09.org/images/sigmod1ktp-plattner.pdf.
Searl's D., *The Intention Economy*, Harvard Business Review Press, 2012.
Shmueli G., « To Explain or to Predict? », *Statistical Science*, 2010, vol. 25, n° 3, p. 289-310.
Silver N., *The Signal and the Noise*, Penguin Books, 2012.
Sloan A.P., *My Years with General Motors*, Currency/Doubleday, 1963.
Stock J. *et al.*, *Principes d'économétrie*, Pearson, 2012.
Stuart Ward J., Barker A., *Undefined by Data: a Survey of Big Data Definitions*, School of Computer Science, University of St Andrews, 2013.
Suermondt A., *The Impact of Googlenomics*, UC Berkeley School of Information, 2011.
Sumbaly R. *et al.*, « The "Big Data" Ecosystem at LinkedIn, Proceedings of the 2013 ACM SIGMOD », http://fr.slideshare.net/s_shah/the-big-data-ecosystem-at-linkedin-23512853.
Van Dijck J., « Datafication, Dataism and Dataveillance: Big Data between Scientific Paradigm and Ideology », *Surveillance & Society*, 12(2), 2014, p. 197-208.
Vanderkam D. *et al.*, « Nearest Neighbor Search in Google Correlate », Google, 2013, http://www.google.com/trends/correlate/nnsearch.pdf.
Winslow P. *et al.*, « The Need for Speed », Credit Suisse Equity Research, 2011.
Woodward J., *Industrial Organization, Theory and Practice*, Oxford University Press, 1965.
Zack T. *et al.*, « Pan-Cancer Patterns of Somatic Copy Number Alteration », *Nature Genetics*, 2013, vol. 45, p. 1134-1140.

TABLE DES MATIÈRES

Cet ouvrage a été mis en pages par JOUVE
1, rue du Docteur-Sauvé – 53101 Mayenne

Imprimé en France
par la Nouvelle Imprimerie Laballery
rue Louis Blériot 58500 Clamecy
mars 2016 - N° 602464

La Nouvelle Imprimerie Laballery est titulaire de la marque Imprim'Vert®